Erfolgreich texten!

Doris Märtin

Erfolgreich texten!

Die besten Techniken und Strategien

Mit über 200
Beispielen und Übungen

Seehamer Verlag

> Hinweis des Verlages
> Die in diesem Buch enthaltenen Informationen sind nach bestem Wissen
> und Gewissen zusammengestellt.
> Eine Haftung kann nicht übernommen werden.

Redaktion: Verlagsbüro Dr. Andreas Gößling
und Oliver Neumann GbR

Genehmigte Lizenzausgabe 2000
Seehamer Verlag GmbH, Weyarn
Alle Rechte vorbehalten
Copyright © 1998 by Wilhelm Heyne Verlag GmbH & Co. KG, München
http:/www.heyne.de
Umschlaggestaltung: Bine Cordes, Weyarn
Satz: Schaber Satz- und Datentechnik, Wels
Printed in Austria
ISBN 3-934058-56-6

INHALT

1 Der Weg ist das Ziel 7

Teil I: DAS FUNDAMENT 15

2 Verständlichkeit: Das Maß aller Texte 16
3 Schreiben ist Service am Leser 28
4 Schreibstrategien 35
5 Planung zahlt sich aus 43

Teil II: VON DER IDEE ZUM TEXTPRODUKT 53

6 Vorbereitung: Fakten, Fakten, Fakten 54
7 Planung: Ohne Gliederung ist alles nichts 60
8 Erarbeitung: Durchstarten und Abheben 76
9 Überarbeitung:
   Dann prüfe, ob sich Bess'res findet 90
10 Endkorrektur: Der letzte Schliff 98
11 Typographie für Einsteiger: Das Auge liest mit ... 102

Teil III: SCHREIBEN UND REDIGIEREN 119

12 Treffende Wörter: Vom Einfachen das Beste 120
13 Durchsichtige Sätze: Ordnung und Klarheit 138
14 Übung macht den Meister 158
15 Schlüssige Absätze: Thema mit Variationen 160
16 Die höheren Weihen:
   Sinn durch Sinnlichkeit 170

Teil IV: Tips und Tricks für die Praxis 181

Stichwort: Arbeitszeugnis 182
Stichwort: Bedienungsanleitung und Dokumentation . 188
Stichwort: Bewerbung 194
Stichwort: Geschäftskorrespondenz 201
Stichwort: Pressemitteilung 207
Stichwort: Protokoll 212
Stichwort: Prüfungen 218
Stichwort: Vortrag und Präsentation 224
Stichwort: Wissenschaftliche Arbeiten 231

Anhang 239

Glossar 240
Lösungen 243
Bücher zum Thema 250
Literaturnachweis 252

1
DER WEG IST DAS ZIEL

> Diejenigen, die die Disziplin am stärksten voranbrachten, waren in aller Regel die besten Kommunikatoren, nicht die besten Techniker ihres Fachgebiets. Sie waren beredt und schrieben klare, konzise Texte. Wenn sie eine Idee vorstellten, mochte man ihr zustimmen oder auch nicht, auf jeden Fall aber verstand man, was sie gemeint hatten.
>
> TOM DEMARCO, *Warum ist Software so teuer?*

Wissenschaftlichen Untersuchungen zufolge verbringen Betriebswirte und Juristen, Führungskräfte und Techniker, Lehrer und Professoren, aber auch Studenten und Sachbearbeiter durchschnittlich 25 Prozent ihrer Arbeitszeit damit, Texte zu produzieren.[1] Die Mehrheit von ihnen tut das ohne besondere Vorbildung: Berufliches Schreiben ist ein Thema, das die meisten Vorlesungsverzeichnisse und betrieblichen Weiterbildungsprogramme ausklammern. Der Deutschunterricht in der Schule, die wenigen Schreiberfahrungen in der Ausbildung oder im Studium, vielleicht noch das eine oder andere Buch über »Moderne Korrespondenz« – dieses schwache Fundament muß fast immer genügen, um die Anforderungen zu erfüllen, die der Beruf an unsere Schreibfähigkeiten stellt. Der Rest ist Autodidaktik – zumindest bei uns in Deutschland.

Dabei gehört die Fähigkeit, gut lesbare Texte zu schreiben, mit zu den wichtigsten Voraussetzungen für den Erfolg im Studium und im Beruf. Wer Aufträge akquirieren, Ideen durchsetzen, Produkte bewerben, wissenschaftliche Ergebnisse publizieren, Kredite und Fördermittel beantragen, Personalchefs überzeugen oder Prüfungen bestehen will, muß vor allem eines können: Texte schreiben, die ankommen. Wem das nicht gelingt, der läuft Gefahr, sich und seine Ideen unter Wert zu verkaufen.

Schreiben ist erlernbar

Während viele amerikanische Universitäten Kurse in creative writing und business writing anbieten, gilt Schreiben hierzulande immer noch als Kunst – als angeborenes Talent, nicht als erlernbare Fertigkeit mit Regeln, Kniffen und Betriebsgeheimnissen. Entsprechend gering ist das Angebot an Seminaren und Kursen, die das Schreiben von Fachtexten systematisch vermitteln. Bis heute überwiegt bei uns die Vorstellung, Schreiben sei eine Tätigkeit, die sich der methodischen Kontrolle und bewußten Steuerung entziehe.[2] Die Konsequenz: Viele berufliche Schreiber rechtfertigen sich für unverständliche, bürokratische oder lieblos aus Textbausteinen zusammengeklickte Texte mit der Entschuldigung, sie hätten eben kein Talent zum Schreiben.

Dabei wissen wir heute, daß sich Talente und Begabungen auf allen Gebieten nur durch intensives Training entfalten können. Der Psychologe Anders Ericsson hat festgestellt: Viele vermeintliche Ausnahmeerscheinungen wie Geigenvirtuosen, Spitzenforscher oder Schachweltmeister fallen nicht durch einen besonders hohen IQ auf, sondern durch die Zeit, die sie dem Gebiet ihres speziellen Könnens gewidmet haben.[3] Ungefähr zehn Jahre dauert es, bis sie die Regeln ihres Fachgebiets erlernt, verinnerlicht und im Gehirn zu den rund 100.000 Wissenspaketen (»Chunks«) verknüpft haben, die für Spitzenleistungen auf einem Spezialgebiet notwendig sind. Dank ihres jahrelangen Trainings können Experten komplexe Probleme in wenigen Makroschritten schnell und intelligent lösen. Der ungeschulte und ungeübte Laie dagegen verfängt sich bei der gleichen Aufgabe in tausend Einzelheiten.

Mit dem Schreiben verhält es sich ganz ähnlich: Möglicherweise sind Grundkenntnisse über Verständlichkeit und die Erwartungen der Leser wichtiger für den beruflichen Schreiberfolg als Talent und Begabung. Die Mühe lohnt sich: Durch Üben stellen sich im Lauf der Zeit immer produktivere Schreibrituale und -abläufe ein. Schritt für Schritt gehen die handwerklichen Techniken des Schreibens in Fleisch und Blut über.

Dazu kommt: Fachtexte sind Gebrauchstexte. Sie müssen vor allem solide, fundiert und gut lesbar sein. Niemand erwartet vom Verfasser eines Fachtextes schriftstellerische Originalität, eine raffinierte Erzählweise oder ausgefallene Bilder. Für das erfolgreiche Schreiben im Beruf genügt es deshalb, bewährte Stilmuster und Spielregeln zu kennen und sie in klar strukturierte, überzeugende Texte umzusetzen. Nicht mehr und nicht weniger.

Typische Schreibprobleme

Dem Ansatz und der Stoffauswahl dieses Buches liegt die Beobachtung zugrunde, daß Schreibprobleme ganz verschiedene Ursachen haben können:

Fehlendes Schreibtraining. Berufliches Schreiben lernt man nicht von heute auf morgen. Es ist deshalb wenig sinnvoll, ohne vorangegangenes Schreibtraining kurz vor Beginn des Bewerbungsmarathons oder zwei Wochen vor einer entscheidenden Präsentation ein Buch zum Thema zu kaufen und durchzulesen. Dort findet man zwar Tips und Beispiele, wie man einen Lebenslauf schreibt oder Folien gestaltet – einen entwickelten Schreibstil aber können solche Handreichungen nicht ersetzen. Bestenfalls unterstützen sie den ungeübten Schreiber dabei, einen 08/15-Text zu produzieren, der den gängigen Standards entspricht.

Folgerung: Einprägsame Texte setzen ein kontinuierliches Schreibtraining voraus. Anleitungen zum Schreiben bestimmter Textsorten können eine mangelhafte Ausdrucksfähigkeit nicht ausgleichen.

Fehlendes Handwerkszeug. Auch unter den beruflichen Schreibern gibt es kreative Köpfe, die es schaffen, ihre Gedanken flüssig und locker zu Papier zu bringen. Trotzdem machen ihre Texte oft einen unausgereiften Eindruck. Weil wichtige Regeln der Verständlichkeit mißachtet werden. Weil der Text von Rechtschreib- und Interpunktionsfehlern wimmelt. Weil der Bezug zum Leser fehlt. Oder weil man merkt, daß zum Schluß die Zeit einfach nicht mehr gereicht hat.

Folgerung: Handwerkliche Techniken des Schreibens, wie sie die Stilkunden von Ludwig Reiners und Wolf Schneider vermitteln, müssen erlernt und automatisiert werden.[4] Und: Das Schreiben längerer Texte erfordert ein professionelles Projektmanagement.

Versagensängste und Schreibblockaden. Schließlich gibt es noch die Schreiber, die zwar stilsicher und schreiberfahren sind, aber daran scheitern, Texte »auf Befehl« und innerhalb einer vorgegebenen Zeit produzieren zu müssen. Ihre Gedanken sind blockiert, sie ringen nach Worten, dem fertigen Text fehlt es an Farbe und Überzeugungskraft.

Folgerung: Deutsch- und Stilkenntnisse müssen durch kreative Schreibmethoden ergänzt werden: Sie setzen den inneren Kritiker vorübergehend außer Kraft und geben der Stimme des Unbewußten mehr Raum.

Das Konzept dieses Buches

Die Entwicklung von Schreibfertigkeiten erfordert Zeit und Engagement. Vor allem aber ist Schreiben, das zeigt die vorangegangene Diskussion der verschiedenen Schreibprobleme, ein komplexer Prozeß. Dieses Buch versucht deshalb, verschiedene Ansätze des Schreibens zu einer Synthese zu verbinden:

- Es enthält die wichtigsten Stilregeln für ein eingängiges, verständliches Deutsch – aufgezeigt an guten und schlechten Textbeispielen aus verschiedenen Fachgebieten.
- Es stellt Methoden des kreativen Schreibens vor, damit die Gedanken frei fließen können und Schreibhemmungen der Vergangenheit angehören.
- Es erklärt alle Stufen des Schreibprozesses von der ersten Idee bis zum druckfertigen Manuskript.
- Es geht auf die Besonderheiten von Textsorten ein, mit denen Sie in Studium und Beruf konfrontiert sind – Geschäftsbriefe, Diplomarbeiten, Protokolle, wissenschaftliche Aufsätze usw. –, ohne einschlägige Ratgeber zu diesen Themen ersetzen zu können oder zu wollen.

Die Themen

Der Weg zu immer besseren Fachtexten führt über den kontinuierlichen Ausbau der folgenden sechs Fertigkeiten:

Qualitätsmaßstäbe entwickeln. Grundvoraussetzung für das Schreibenlernen ist eine intensive, kritische Lektüre. Nur wer seine Sensibilität für gute und schlechte Texte, für die Erwartungen der Leser und die besonderen Anforderungen unterschiedlicher Textsorten schärft, wird im Lauf der Zeit zu einer klaren, kraftvollen Sprache finden. Wie Sie Ihr Gespür für die Qualität von Texten systematisch entwickeln, lesen Sie in Kapitel 2 »Verständlichkeit: Das Maß aller

Texte«. Zusätzlich sollten Sie sich intensiv mit den Textbeispielen in diesem Buch auseinandersetzen.

An die Leser denken. Fachtexte dienen der Verständigung. Zwischen Experten und Experten. Zwischen Experten und fachlichen Laien. Zwischen Vorgesetzten und Mitarbeitern, Unternehmen und Kunden, Lehrern und Schülern. Von den Interessen, dem Vorwissen, dem Leseverhalten der Zielgruppe hängt es ab, wie Sie Ihr Thema darstellen – einfach oder anspruchsvoll, locker oder formal, theoretisch oder praxisnah. Kapitel 3 »Schreiben ist Service am Leser« beschreibt, wie Sie Ihr Publikum besser erreichen.

Strukturen finden und verdeutlichen. In Studium und Beruf schreiben Sie vorwiegend über Themen, mit denen Sie vertraut sind. Wie Sie Ihr Wissen so ordnen, daß die Leser Ihren Gedankengängen mühelos folgen können, erfahren Sie in Kapitel 7 »Ohne Gliederung ist alles nichts«.

Die Spielregeln des Schreibens kennen und beachten. Es führt kein Weg daran vorbei: Wirksam schreiben kann nur, wer die Techniken des Schreibens kennt und verinnerlicht. Kapitel 5 »Planung muß sein« erklärt die Phasen des Schreibprozesses; Teil III »Schreiben und Redigieren« beschreibt Stilregeln, mit denen Sie die Verständlichkeit und Attraktivität Ihrer Texte verbessern; Teil IV »Tips und Tricks für die Praxis« befaßt sich mit den Besonderheiten der Textsorten, mit denen berufliche Schreiber am häufigsten konfrontiert sind – von der Geschäftskorrespondenz über das Protokoll bis hin zu Overhead-Folien und Presseinformationen.

Das eigene Schreibpotential aktivieren. Neben einer soliden Kenntnis der sprachlichen Stil- und Spielregeln braucht man auch für das berufliche Schreiben Intuition und Kreativität. Das heißt, rechte und linke Gehirnhälfte müssen optimal zusammenarbeiten. Kapitel 8 »Abheben und Durchstarten« stellt Techniken vor, wie Sie die spielerischen Erkenntnisblitze der rechten Gehirnhälfte mit dem kritischen Stilurteil der linken verbinden.

Aus bestehenden Texten lernen und schöpfen. Das Schreiben eigener Texte baut auf den Texten vieler anderer auf. Um selbst wirksame Texte zu schreiben, muß man aus einem möglichst reichen Schatz von Formulierungen, Bildern, Gliederungsmöglichkeiten usw. schöpfen können. Das erfordert aufmerksames Lesen, Kartons voller Zeitungsausschnitte, Dateien mit Zitaten, Ordner mit Textbeispielen usw. Bei Bedarf wird dieser Fundus zur Inspiration (und zum Maßstab) für eigene Texte. Einen ersten Einstieg dafür bieten die Textbeispiele in diesem Buch.

Leseempfehlungen

Sie haben verschiedene Möglichkeiten, dieses Buch zu nutzen:

Sequentiell. Sie können das Buch systematisch von vorne nach hinten durcharbeiten. Das ist der gründlichste Weg, Ihre Schreibfertigkeiten auf allen Ebenen zu verbessern.

Punktuell. Der vorhergehende Abschnitt gibt einen Überblick über die wichtigsten Themen dieses Buches. Wählen Sie das Thema aus, das Sie am meisten interessiert, und steigen Sie bei dem entsprechenden Kapitel ein.

Praxisorientiert. Sie analysieren die Textbeispiele und bearbeiten die Übungen, um Ihren Sinn für gutes Deutsch zu schärfen und Ihr stilistisches Repertoire zu erweitern. Lösungsvorschläge zu den Übungen finden Sie im Anhang unter »Lösungen« ab Seite 243.

Zum Nachschlagen. Durch viele Textbeispiele, ein Glossar sprachlicher Fachausdrücke und ein ausführliches Literaturverzeichnis eignet sich dieses Buch auch gut als Nachschlagewerk bei Fragen und Problemen.

Glossar

Wahrscheinlich ist es bei den meisten Lesern schon eine Weile her, daß sie sich mit Stilfragen befaßt haben. Sprachliche Fachausdrücke, die nicht zum Allgemeinwortschatz gehören, werden deshalb in einem Glossar am Ende dieses Buches definiert. Im fortlaufenden Text sind im Glossar erklärte Begriffe durch einen vorangestellten Pfeil (→) markiert.

Zur Auswahl der Textbeispiele

Zum Schluß noch ein Hinweis: Dieses Buch wendet sich an Leser aller Berufsgruppen. Es enthält deshalb gute und schlechte Textbeispiele aus ganz unterschiedlichen Fachgebieten – prosaische und manchmal auch literarische. Sie bilden das Kernstück dieses Buches und wurden so ausgewählt, daß *alle* Leser Gewinn daraus ziehen können. Sie sollten sich deshalb auch mit den Textbeispielen auseinandersetzen, die keinen unmittelbaren Bezug zu Ihrem beruflichen Alltag haben.

Denn: Dieses Buch will Sie nicht dazu abrichten, möglichst schnell bestimmte Textsorten zu produzieren oder eng umgrenzte Fachinhalte darzustellen. Es zielt darauf ab, Ihr Sprachgefühl und Ihre Schreibfähigkeiten *grundlegend* zu erweitern. Dieser ganzheitliche Ansatz erfordert Ihre Bereitschaft, sich auf Textbeispiele aller Art und ihr jeweiliges Für und Wider einzulassen. Die stilistischen Gesetzmäßigkeiten, die Sie dabei kennenlernen, können Sie beim Schreiben eigener Texte problemlos auf andere Fachinhalte und Textsorten übertragen.

Teil I

Das Fundament

Stil ist die Fähigkeit,
komplizierte Dinge einfach zu sagen –
nicht umgekehrt.

Jean Cocteau

2

Verständlichkeit:
Das Mass aller Texte

> Niemand lernt einen guten Stil zu schreiben,
> der nicht gute Bücher liest.
>
> LUDWIG REINERS

Der Kreativitätsforscher Mihaly Csikszentmihalyi macht Schluß mit dem Mythos, Schreiben sei eine Fähigkeit, die man eben habe oder nicht: »Der Schriftsteller schöpft aus einem riesigen Repertoire von Worten, Ausdrücken und Metaphern, die von früheren Autoren benutzt wurden, wählt diejenigen aus, die der anstehenden Aufgabe am besten gerecht werden, und weiß, wie er nötigenfalls neue Formulierungen schöpfen kann.«[5] Bevor Schreiber einen eigenen Stil entwickeln können, müssen sie also zunächst die Sprachkonventionen ihres Fachgebiets verinnerlichen.

Das geht am besten durch Lesen und Lernen am Vorbild: Scheuen Sie sich nicht, Aufbau und Sprache der hochgelobten Marketing-Berichte Ihres Vorgängers zu analysieren; finden Sie heraus, was das Besondere an den Overhead-Folien ist, die Ihnen bei einem Vortrag ins Auge springen; achten Sie auf die Sprache, die Kollegen und Vorgesetzte für Faxe und Hausmitteilungen verwenden. Und beobachten Sie, wie Tages- und Wochenzeitungen über Ihr Fachgebiet, Ihre Branche, Ihr Unternehmen berichten.

Eine wirkungsvolle Hilfe für die *systematische* Analyse fremder und eigener Texte bieten die vier Verständlichkeitskriterien des **Hamburger Verständlichkeitsmodells**. Das Modell wurde in den 70er Jahren entwickelt und befaßt sich mit den vier grundlegenden »Verständlichmachern«: Einfachheit, Struktur, Prägnanz und Leseanreize.[6]

Einfachheit

Ein einfach geschriebener Text ist ein Text, den die Mehrheit seiner Adressaten bei mäßiger Konzentration auf Anhieb verstehen kann – unabhängig vom Schwierigkeitsgrad des Inhalts. Um das zu erreichen, brauchen Schreiber eine unverbildete, ungestylte Sprache, die die Dinge beim Namen nennt. Im Klartext: anschauliche Wörter und durchsichtige Sätze.

Kurze, anschauliche Wörter

Kurze Wörter mit einer, zwei oder drei Silben sind fast immer verständlicher und gleichzeitig lebendiger als lange Wörter. Testen Sie es selbst! Was sagt Ihnen mehr: *Phasen gehobener geistiger Aktivität im Schlafzustand* oder schlicht *Träume*? *Organisatoren im Unterrichtsgeschehen* oder *Lehrer*? *Ampelsynchronisation* oder *grüne Welle*?

Um Einwänden zuvorzukommen: Natürlich lassen sich Schlüsselbegriffe in Wirtschaft, Wissenschaft und Technik nicht ohne weiteres durch einen Ein- oder Zweisilber ersetzen. Aber nichts zwingt uns dazu, *Akzentsetzung* statt *Schwerpunkt* zu schreiben oder *die spezifischen Elemente der ukrainischen Verfassungsordnung* statt *die Besonderheiten der ukrainischen Verfassung*.

Übung 1. Vereinfachen Sie die folgenden Wörter und Phrasen:

- im Anschluß an den offiziellen Teil
- Problemlösungsansätze
- in der Zwischenzeit
- Die Beantwortung der Frage kann entfallen.

Das Fundament

Transparente Sätze

Die Psycholinguistik weiß: Am schnellsten verstehen wir normalerweise kurze Hauptsätze mit höchstens 16 Silben. Allerdings sind Abfolgen kurzer Sätze auf Dauer monoton und langweilig. Leserfreundlicher ist es, zwischen kurzen und mäßig langen Sätzen zu wechseln und auf einen durchsichtigen Satzbau zu achten. Verständliche Sätze entstehen, wenn Sie:

- meistens Sätze schreiben, die nicht länger sind als 20 Wörter;
- Schachtelsätze gnadenlos zertrümmern;
- erst eine Information nennen, dann die zweite;
- Wörter, die zusammengehören, möglichst nicht voneinander trennen – und wenn doch, dann so, daß sie sich in Sichtweite zueinander befinden. Eng miteinander liiert sind zum Beispiel Artikel und Substantiv, die Bestandteile des Verbs und Subjekt und Prädikat.

Der folgende Vergleich beweist: Je mehr Wörter ein Satz umfaßt, desto sorgfältiger muß er komponiert sein. Der Beispielsatz hat 29 Wörter und liegt damit an der oberen Grenze des Akzeptablen. Viel schlimmer aber ist: Es dauert neun Wörter und 22 Silben, bis der Leser erfährt, um wen oder was es eigentlich geht:

> Ausgerüstet mit dem entsprechenden Zahlenmaterial sind im zweiten Teilschritt sämtliche Amtsleiter, Geschäftsführer der städtischen Beteiligungsgesellschaften und Betriebsleiter der Eigenbetriebe ausführlich über die Notwendigkeit der Konsolidierung in Kenntnis gesetzt worden. *(29 Wörter)*

Das Vorziehen des Subjekts schafft Klarheit ohne Sinnverlust:

> Im zweiten Schritt wurden die Amtsleiter, Geschäftsführer der städtischen Beteiligungsgesellschaften und Betriebsleiter der Eigenbetriebe mit dem entsprechenden Zahlenmaterial ausgerü-

stet und ausführlich über die Notwendigkeit der Konsolidierung informiert. *(27 Wörter)*

Die verbesserte Transparenz wurde durch die folgenden Änderungen erreicht:

- Der Leser erfährt um einiges früher, von wem die Rede ist: nach fünf Wörtern oder neun Silben.
- Zwei Dinge passieren in diesem Satz – alle Beteiligten bekommen Unterlagen, und sie werden informiert. Das wird in der zweiten Fassung genau so gesagt.
- Dazu kommen zwei kleine Änderungen auf der Wortebene: Statt bürokratisch *in Kenntnis gesetzt* heißt es jetzt *informiert*. Aus *Teilschritt* wurde *Schritt*: ein Schritt ist immer nur Teil eines Weges.

Das rechte Maß: Zwischen Banalität und Bombast

Auch Leser, die sich sprachlich *unter*fordert fühlen, verlieren sehr rasch das Interesse. Schreiber sollten deshalb das Bemühen um Einfachheit nicht auf die Spitze treiben. Auf keinen Fall darf Einfachheit in Primitivität umschlagen:

> Der Text ist gut strukturiert. Er enthält viele Absätze, die das Lesen erleichtern. Er kommt ohne größere Umschweife auf den Punkt. Bilder lockern den Text auf.

Um den Sprachrhythmus und den Bezug der Informationen zueinander zu verbessern, genügen minimale Änderungen:

> Der Text ist gut strukturiert: Er enthält viele Absätze, die das Lesen erleichtern, und kommt ohne größere Umschweife auf den Punkt. Bilder lockern den Text auf.

Einfachheit ist also kein Freibrief für Monotonie oder sprachliche Armut. Sondern das Ringen darum, anspruchsvolle Inhalte in einer anschaulichen, geradlinigen Sprache auszudrücken. Ohne Bombast, aber auch ohne Banalität.

Struktur

Der wichtigste Verständlichmacher ist eine klare Textstruktur. Viele Fachtexte führen ihre Leser in unbekanntes, vielleicht sogar unwegsames Gelände. Die folgenden Strukturelemente sorgen dafür, daß die Leser die Orientierung behalten: optische Strukturierung, Makrostruktur, Mikrostruktur.

Die optische Strukturierung

Die optische Strukturierung macht den inneren Aufbau eines Textes sichtbar. Ihre Mittel sind grafische Elemente wie Absätze, Aufzählungszeichen, Überschriften und Zwischenüberschriften, Kopfzeilen und → Marginalien. Maßvoll eingesetzt verdeutlichen sie Sinneinheiten und lenken den Blick auf Kernaussagen.

Die Makrostruktur

Makrostruktur meint die Reihenfolge, in der die Informationen angeordnet werden. Bei längeren Texten entspricht sie einem ausführlichen Inhaltsverzeichnis. Die Makrostruktur dieses Unterabschnitts zum Beispiel sieht so aus:

Struktur
   Die optische Strukturierung
   Die Makrostruktur
   Die Mikrostruktur

Eine gelungene Makrostruktur

- erschließt sich den Lesern bereits beim ersten Durchblättern;
- führt die Leser schrittweise, aber ohne langes Vorgeplänkel an das Thema heran;
- teilt die Informationsmenge in kleine, möglichst eigenständige Portionen auf;
- kalkuliert ein, daß manche Leser quereinsteigen.

Die Mikrostruktur

Mit der folgerichtigen Anordnung der Kapitel ist schon viel gewonnen. Aber: Gliedern setzt sich auf allen Ebenen fort. Jedes Kapitel, jedes Unterkapitel, jeder Absatz müssen einer logischen Ordnung folgen. Auf der Mikroebene kommt es deshalb darauf an,

- Kerngedanken herauszuarbeiten,
- Gedankensprünge zu vermeiden,
- die Gedankenführung durch Gliederungssignale zu verdeutlichen.

Gliederungssignale bereiten den Leser auf das vor, was kommt: zum Beispiel eine Aufzählung, eine Zusammenfassung, ein Einwand. Sie liefern das gedankliche Gerüst, in das die folgenden Informationen eingehängt werden:

> Der Volksgroll, den die Rechtschreibreform auf sich gezogen hat, hat *zwei Gründe*, die beide mit der Sache selbst wenig zu tun haben. Da ist *einmal* der Verdacht, »die da oben« hätten hinterrücks dem Volke wieder einmal Übles angetan. Und da ist *zum anderen* die allgemeine herzliche Abneigung gegen die Rechtschreibung schlechthin.

Ein anderes Beispiel: Wenn eine Aufzählung mit drei Informationen folgt, dann sagen Sie das Ihrem Leser, bevor Sie mit der Auflistung beginnen.

> Zur Zeit sind die folgenden drei Entwicklungen im Internet-Markt zu beobachten:

Das rechte Maß: Gliedern, ohne zu zergliedern

Fachtexte brauchen und vertragen ein hohes Maß an Struktur. Für die meisten beruflichen Schreiber gehört es deshalb zu den Hauptproblemen des Schreibens, überhaupt eine Ordnung in ihre Gedanken zu bringen.

Daneben gibt es aber auch Schreiber – und es sind oft gerade die besonders bemühten –, die ins andere Extrem verfallen und ihre Texte bis ins kleinste Detail durchstrukturieren. Die Folge sind Texte, die optisch und inhaltlich zerhackt wirken. Überstrukturierte Texte sind immer durch zu viele Gliederungsebenen und häufig durch die penetrante Verwendung von Gliederungssignalen gekennzeichnet.

Prägnanz

Im Vergleich zu Einfachheit und Struktur spielt die Prägnanz für das Textverständnis eine eher untergeordnete Rolle. Worauf es vor allem ankommt: ein vernünftiges Maß zwischen weitschweifigem Geplauder und lakonischer Einsilbigkeit zu finden.

Prägnant geschriebene Texte sind knapp und konzentriert formuliert und vermeiden Wiederholungen, Umständlichkeiten und Phrasendrescherei. Vor allem aber: Jedes Wort in ihnen transportiert Sinn.[7] Was das heißt, macht uns die Werbung vor:

Fassung mit Füllwörtern:
Die zarteste Versuchung für Naschkatzen seit der Einführung der Schokolade.

Prägnante Fassung:
Die zarteste Versuchung, seit es Schokolode gibt.

Oft gelingt es erst im zweiten oder dritten Anlauf, eine Aussage auf das Wesentliche zu verdichten. Das war im folgenden Beispiel der Fall:

Langatmige Erstfassung:
Schließlich gibt es noch die Schreiber, die im Deutschunterricht aufgepaßt haben, stilistisch sattelfest sind und hohe Qualitätsmaßstäbe an sich und ihre Texte legen. Trotzdem – oder vielleicht gerade deshalb – fällt es ihnen schwer, Texte »auf Befehl« und innerhalb einer vorgegebenen Zeit zu produzieren.

Nach der Überarbeitung heißt es prägnanter:
Schließlich gibt es noch die Schreiber, die zwar stilsicher und schreiberfahren sind, aber daran scheitern, Texte »auf Befehl« und innerhalb einer vorgegebenen Zeit produzieren zu müssen.

Die überarbeitete Fassung ist kürzer und zugleich prägnanter. Sie geht ökonomischer mit der Zeit des Lesers um. Allerdings: Nicht jede Kürzung verbessert die Prägnanz. Viele Texte brauchen nämlich ein gewisses Maß an Redundanz, um wirksam zu sein: Zugaben, die die nackte Grundinformation unterfüttern und veranschaulichen. Mehr darüber erfahren Sie im nächsten Abschnitt.

Leseanreize

Leseanreize sind das Tüpfelchen auf dem i – das, was einen Text abrundet und reizvoll macht. Zum Beispiel: Bilder und Vergleiche, Fallbeispiele, Ironie, Zitate, Anekdoten, Pointen, eine Prise *human touch*. Alle diese Zutaten sprechen, wenn sie geschickt gewählt sind, die Sinne und Gefühle der Leser an und erreichen damit eine dreifache Wirkung: Sie machen Texte attraktiver, sie verbessern das Verständnis, und sie bleiben eher in Erinnerung als nüchterne Formulierungen.

Den Unterschied zwischen einer sachlichen und einer anregenden Darstellung des gleichen Sachverhalts zeigen die folgenden Textbeispiele:

Sachlich-nüchterne Fassung:
Im Gehirnstamm, dem entwicklungsgeschichtlich ältesten Teil des Gehirns, sendet eine Gruppe von Nervenzellen elektrische Impulse aus. Das führt zu einer Erregung der Großhirnrinde, die unter anderem unsere gefühlsmäßigen Reaktionen beeinflußt.

Anregende Fassung:
In der Tiefe des Hirnstamms, des entwicklungsgeschichtlich ältesten Teils unseres Gehirns, beginnt eine Gruppe von Nerven-

zellen mit einem Feuerwerk elektrischer Impulse. Das führt zu einer Erregung der Großhirnrinde, in der unsere Gedanken und Gefühle zu Hause sind.

Die sachlich-nüchterne Fassung beschreibt das Zusammenspiel von Gehirnstamm und Großhirnrinde neutral und schmucklos. Die anregende Fassung kleidet die gleiche Information in einprägsame Bilder: *Tiefe* des Hirnstamms, *Feuerwerk* elektrischer Impulse, *Zuhause-sein* der Gedanken und Gefühle. Beide Varianten sind einfach und prägnant geschrieben. Es kommt auf das Lesepublikum und die Textart an, welche Fassung die angemessenere ist.

Unter einem allzu munteren, saloppen Schreibstil kann allerdings – das darf nicht verschwiegen werden – die Seriosität der Argumente leiden. Dadurch können Sachargumente an Gewicht und Zustimmung verlieren. Auch bei den Leseanreizen gilt es also, das rechte Maß zu finden.

Die Idealmaße der Verständlichkeit

Für die Beurteilung der Verständlichmacher wurde eine eigene Notenskala entwickelt: ++ = deutlich ausgeprägt, + = ausgeprägt, 0 = neutral, – = wenig ausgeprägt, – – = überhaupt nicht ausgeprägt.[8] Die folgende Übersicht zeigt die Idealmaße eines verständlichen, gut geschriebenen Fachtextes:

Einfachheit	**Struktur**
+	++
Prägnanz	**Leseanreize**
+ oder 0	+ oder 0

Sie sehen: ein Maximum an Einfachheit liefert nur selten ein Optimum an Lesefreundlichkeit. Denn: Leser wollen – in Maßen – gefordert sein. Ist ein Text allzu anspruchslos-glatt geraten, sinkt ihre Aufmerksamkeit gegen Null. Ausnahmen bestätigen die Regel: Bei Bedienungsanleitungen, Gefahrenhinweisen, Protokollen und in manchen Schulbüchern ist maximale Verständlichkeit tatsächlich oberstes Gebot.

Von der Theorie zur Praxis

Die vier Verständlichmacher helfen Ihnen, Texte mit Sachverstand zu beurteilen und Schwachstellen zu identifizieren. Ist ein Fehler erst einmal erkannt, findet sich meistens auch eine Lösung dafür. Die Stilregeln in Teil III, »Schreiben und Redigieren«, unterstützen Sie dabei.

Übung 2. Der folgende Textausschnitt wurde Roman Herzogs Kommentar zu den Grundgesetz-Artikeln 54 bis 58 entnommen, die die Wahl, die Rechte und Pflichten und die staatspolitische Rolle des Bundespräsidenten regeln.

Bitte lesen Sie den Text durch, und beurteilen Sie, inwieweit er die vier Verständlichkeitskriterien erfüllt. Tragen Sie Ihr Ergebnis in das Beurteilungsfenster unter dem Textausschnitt ein. Erklären Sie in Stichworten Ihre »Urteilsbegründung«. Ein Hinweis: Der Text ist in erster Linie für Juristen geschrieben – er setzt also bestimmte Vorkenntnisse, Denkmuster und Sprachgepflogenheiten als gegeben voraus. Das sollten Sie bei Ihrer Beurteilung mitberücksichtigen.

> Die *Bindungen*, denen der Bundespräsident bei seiner Amtsführung unterliegt, sind eindeutig und lassen sich [...] nicht weginterpretieren. Aber die *Rechte*, die er nach der Verfassung besitzt, sind ebensowenig zu leugnen, und es liegt allein an der **Persönlichkeit** des jeweiligen Bundespräsidenten (und an der Lage, in der er jeweils zu agieren hat), darüber zu entscheiden, wie und vor allem mit welchem *staatspolitischen* **Ziel** er von ihnen Gebrauch machen will. Gewiß stehen die eigentlichen Entscheidungen in der parlamentarischen Demokratie des GG überwiegend Bundestag und Bundesregierung zu. Aber der Bundespräsident ist damit noch lange kein politisches Nichts,

Das Fundament

und daß er »*unpolitisch*« sein müßte (was immer man sich darunter vorstellen mag), ist aus dem GG jedenfalls *nicht* zu belegen.

In diesem Sinne sind es vor allem drei Begriffe, die, wenn man nur die mit ihnen verbundenen Kurzschlüssigkeiten und Banalitäten meidet, nebeneinander und mit zeitlich durchaus wechselndem Gewicht die Funktion des Bundespräsidenten im Regierungssystem des GG annähernd zu *beschreiben* vermögen:

a) Der Bundespräsident ist zweifellos das *wichtigste* **Repräsentationsorgan** der Bundesrepublik Deutschland. Man muß sich allerdings davor hüten, den Begriff der Repräsentation in dem törichten und vordergründigen Sinne zu verstehen, in dem er von der Umgangssprache meist verwendet wird (etwa im Sinne von Teilnahme an Festessen und Stehempfängen). Der Bundespräsident ist kein Frühstücksdirektor, sondern er repräsentiert, wie schon wiederholt angedeutet, den wichtigsten Gedanken, den es in einem modernen Staat überhaupt zu repräsentieren gibt: den der **Existenz**, der **Legitimität** und der **Einheit** *des Staates*. [...]

b) Ihm obliegt es ferner (selbstverständlich nicht allein, aber doch vorrangig), im Bürger das Vertrauen in die *Rechtmäßigkeit*, aber noch weit darüber hinaus in die **Rechtlichkeit des Staates** zu wecken und wachzuhalten. ...

Ihre Textbeurteilung:

Einfachheit	Struktur
Prägnanz	Leseanreize

Das Wichtigste auf einen Blick

Verständlichkeit und Attraktivität eines Textes ergeben sich aus dem Zusammenspiel der vier Kriterien Einfachheit, Struktur, Prägnanz und Leseanreize. Ein idealer Fachtext bietet ein Höchstmaß an Struktur und ein mittleres bis hohes Maß an Einfachheit. Bei Prägnanz und Leseanreize sollten Sie die goldene Mitte anstreben: Zu viel ist ebenso problematisch wie zu wenig.

Die folgende Übersicht faßt zusammen, wie griffige, verständliche Texte beschaffen sein müssen:

Einfachheit +	**Struktur ++**
Kurze, anschauliche Wörter	Optische Strukturierung:
	– Absätze,
Kein Fachjargon oder Amtsdeutsch	– Aufzählungspunkte,
	– Überschriften usw.
Fachwörter erklärt	
Transparente Sätze:	Makrostruktur:
– keine Schachtelsätze	– übersichtlich,
– allenfalls kurze Einschübe	– kleine Informationseinheiten
– erst eine Information, dann die zweite	
	Mikrostruktur:
	– klare, sparsame Gliederungssignale,
	– keine Gedankensprünge
Prägnanz + oder 0	**Leseanreize + oder 0**
Knapp und konzentriert	Fallbeispiele, Bilder und Vergleiche,
Jedes Wort transportiert Sinn	Fragen, Ironie, Zitate, Anekdoten
Kommt rasch auf den Punkt	

3

Schreiben ist Service am Leser

> Schreiben Sie nicht für Ihre Kollegen,
> schreiben Sie für den Leser.
>
> Martha Duffy, *Chefredakteurin bei* Time

Fachinhalte sind oft komplex und abstrakt und verlangen den Lesern einiges an Zeit und Mühe ab. Wenn Sie als Schreiber Ihre Leser gewinnen wollen, müssen Sie deshalb mehr bieten als eine korrekte Darstellung der Fakten. Denn: In einer Zeit, in der wir Kundenfreundlichkeit im Supermarkt und den 24-Stunden-Service an der Tankstelle erwarten, wachsen auch die Ansprüche an die Leserfreundlichkeit von Textprodukten. Und das mit Recht: Unbequeme Texte wurden meistens von bequemen Autoren verfaßt. Die Universität Oxford hat aus dieser Erkenntnis übrigens Konsequenzen gezogen und gerade einen »Lehrstuhl für allgemeinverständliche Wissenschaft« eingerichtet.

Stolpersteine aus dem Weg räumen

In einem ersten Schritt geht es darum, Lesehemmnisse aus dem Weg zu räumen.

> Manche Schreiber kreiern (weil sie es nicht besser wissen) Mammutsätze, vor denen die LeserInnen kapitulieren, d. h., schleunigst weiterblättern bzw. den Text ganz weglegen (s. Kap. 9).

Wenn Sie bei diesem Satz ins Stocken geraten sind, lag das sicher nicht an seinem schwierigen Inhalt, sondern an seinen sprachlichen Stolperschwellen. Service-orientierte Schreiber verzichten deshalb auf:

- Klammern – sie sind zwar bequem für erklärende Einschübe des Autors, unterbrechen aber den Lesefluß;
- Wörter wie *kreiern*, *eingeigelt* oder *beinhalten*, weil die Buchstabenfolge *ei* unweigerlich wie in *Hühnerei* gelesen wird;
- schwer verdauliche Wortzusammensetzungen;
- Zahlensalat im Fließtext;
- Abkürzungen – vor allem, wenn sie mit einem Punkt enden und fälschlich ein Satzende signalisieren;
- verwirrende Trennungen wie *Spargel-der* – Leser brauchen durchschnittlich vier bis fünf Sekunden, um den Sinn unlogischer Trennungen zu erfassen;
- vermeintlich frauenfreundliche Konstrukte, die aber den Lesefluß bremsen, wie

der/die Leser(in),
Juristen und Juristinnen,
IngenieurInnen

Klären Sie das Thema besser im Vorwort, und verwenden Sie nach Möglichkeit geschlechtsneutrale Formulierungen – also *psychologische Fachkräfte* statt *Psychologinnen und Psychologen*.

Übung 3. Entfernen Sie alle Stolpersteine aus dem oben abgedruckten Beispieltext.

Verarbeitungsgeschwindigkeit steigern

Kurze Texte haben eine bessere Chance, gelesen zu werden. Der Beweis: Beim Durchblättern von Fachzeitschriften bleiben Leser am leichtesten an den Informationshappen unter Rubriken wie »Aktuell«, »Produktspiegel« oder »Kurz vorgestellt« hängen. Leserfreundliche Texte nehmen deshalb die Zeit der Adressaten nicht unnötig in Anspruch. Konkret heißt das: Geschäftsbriefe und Bewerbungen sind nur in Ausnahmefällen länger als eine Seite; Protokolle beschränken sich auf das Wesentliche; Schriftsätze oder Berichte kommen ohne große Umschweife zur Sache.

Je länger der Text, desto größer ist die Gefahr, daß die Leser das Interesse verlieren, wichtige Argumente lustlos überblättern oder das Geschriebene ganz zur Seite legen. Erfolgreiche Schreiber kalkulieren ein, daß Aufmerksamkeit und Geduld rasch erlahmen können:

- Sie stellen längeren Texten eine Zusammenfassung voran;
- sie nennen wichtige Fakten zuerst;
- sie halten die Grundregeln des verständlichen Schreibens ein (siehe Teil III, »Schreiben und Redigieren«), und
- sie unterteilen ihre Texte in handliche Portionen (siehe Kapitel 7, »Planung: Ohne Gliederung ist alles nichts«).

Alle diese Fähigkeiten setzen keine schriftstellerische Begabung voraus. Auch ungeübte Schreiber können sie in relativ kurzer Zeit erlernen und trainieren.

Die Leser ansprechen

Lesen ist mit einer ständigen – bewußten oder unbewußten – Bewertung des Geschriebenen, des Schreibers und seiner Botschaft verbunden. Für Schreiber, die ankommen wollen, ist deshalb eines selbstverständlich: Die Erwartungen der Leser bestimmen Wortwahl, Satzbau und Gedankenführung mit – ungefähr so, wie Anlaß und Wetter die Kleidung.

Ein Business-Plan zum Beispiel erfordert einen Schreibstil, der die Seriosität eines dunklen Einreihers ausstrahlt: Auch wenn Sie Krawatten als überholt empfinden, führen Sie die Kreditverhandlungen mit Ihrer Hausbank wohl kaum in Jeans und T-Shirt. Bei Fachtexten ist es ganz ähnlich: Um anzukommen, müssen sie in Stil und Aufmachung den gängigen Erwartungen und Gepflogenheiten entsprechen. Auch beim Lesen ist der erste Blick entscheidend: Hat sich ein Leser erst einmal an schwammigen Formulierungen oder Kommafehlern gestoßen, ist seine Skepsis gegenüber dem Textinhalt vorprogrammiert. Es ist fraglich, ob die inneren Werte – Ihr überlegenes Geschäftskonzept, Ihre kreative Marktstrategie – den ungünstigen ersten Eindruck ausbügeln können.

Aber nicht immer sind der dunkle Anzug, das korrekte Kostüm die richtige Wahl. Genauso gibt es Themen und Texte, bei denen eine allzu formale Sprache fehl am Platz wirkt. Eine Bewerbung bei einer ausgeflippten Werbeagentur, Unterrichtsfolien oder ein Ratgeber wie dieses Buch kommen oft besser an, wenn sie bewußt umgangssprachlich und locker gehalten sind. Ein Schreiber, der sich in sein Publikum einfühlt, sich an seinen Erwartungen und Lesegewohnheiten orientiert, paßt seinen Stil dem Anlaß an. Je nach Thema und Adressat formuliert er sachlich-nüchtern, unterhaltsam, provokativ, bildhaft, mit oder ohne »Blatt vor dem Mund«.

Übung 4. Drei Formulierungen, eine Information: Für welche Formulierungsvariante würden Sie sich in einer Diplomarbeit, einem Forschungsbericht entscheiden?

A Bei der Bearbeitung dieses Projekts traten natürlich auch verschiedene Schwierigkeiten und Probleme auf, die ich an dieser Stelle kurz ansprechen möchte.

B Die folgenden Probleme mußten bei der Bearbeitung des Projekts gelöst werden:

C Und nicht zuletzt: Auch wir hatten mit Schwierigkeiten zu kämpfen. Ein Projekt dieser Art ist schließlich kein Pappenstiel!

Die Leser abholen und mitnehmen

In einem Artikel über umweltfreundlichen Strom in der *Süddeutschen Zeitung* ist mehrmals von »regenerativen Energien« oder den »Regenerativen« die Rede – ohne Erklärung, welche Art von Energien damit gemeint sind. Für den Autor, der das Thema recherchiert hat, ist der Fall klar. Das heißt aber noch lange nicht, daß auch alle Leser die Zusammenhänge parat haben. Ein kurzer Hinweis frischt verschüttetes Wissen auf: »regenerative Energien aus Sonne, Wind und Wasser«.

Ein anderes Beispiel: In Meyers Lexikon ist die philosophische Richtung der Kyniker so beschrieben:

> **Kyniker** [griech.], Vertreter der griech. Philosophie, die aus der sokrat. Tugendlehre das Postulat der Autarkie bis zur Verneinung gesellschaftl. Konventionen ableitet.

Alles klar? Der Autor Jostein Gaarder packt in seinem Bestseller *Sophies Welt*, einem Roman über die Geschichte der Philosophie, das Thema ganz anders an:

> Die *Kyniker* betonen, daß wirkliches Glück nicht von Äußerlichkeiten wie materiellem Luxus, politischer Macht und guter Gesundheit abhänge. Wirkliches Glück bedeute, sich nicht von solchen zufälligen und vergänglichen Dingen abhängig zu machen. Gerade weil es nicht darauf beruhe, könne es von allen erlangt werden. Und es könne nicht wieder verloren werden, wenn es erst einmal erreicht worden sei. Der bekannteste Kyniker war Diogenes, ein Schüler des Antisthenes. Von ihm heißt es, daß er in einer Tonne wohnte und nichts weiter besaß als einen Umhang, einen Stock und einen Brotbeutel.

Zugegeben: Gaarder hat für seine Darstellung sehr viel mehr Platz zur Verfügung als der Verfasser des Lexikoneintrags. Der wesentliche Unterschied aber ist ein anderer: Wo der Lexikograph den Suchbegriff nicht eben erhellend mit *Postulat der Autarkie* erklärt, beschreibt Gaarder die

Lebensphilosophie der Kyniker mit schlichten, alltäglichen Worten. Ein weiteres Plus: Gaarder stellt als den bekanntesten Kyniker Diogenes vor und verknüpft so die neuen Informationen geschickt mit dem Vorwissen seiner Leser – Diogenes, der Tonnenphilosoph, ist vielen Menschen ein Begriff.

Übung 5. Formulieren Sie den Lexikoneintrag so um, daß ihn auch nicht-humanistisch vorgebildete Leser auf Anhieb verstehen.

Die Leser verführen

Leserfreundlichkeit und Leserorientiertheit sind trainierbar; sie sollten das Ziel jedes Schreibers sein. Erfahrene und talentierte Schreiber gehen noch einen Schritt weiter, um ihre Leser zu fesseln: Sie sorgen für Lesespaß, Spannung, überraschende Blickwinkel, Aha-Erlebnisse auch und gerade bei trockenen Themen. Ihre Verbündeten dabei sind Leseanreize wie Bilder und Vergleiche, ein Schuß *human touch*, ein aktuelles Ereignis oder Text- und Kapitelanfänge, die den Leser in den Text hineinziehen.

Die Kunstgriffe des einprägsamen und anregenden Schreibens beschreibt Kapitel 16, »Die höheren Weihen: Sinn durch Sinnlichkeit«.

Das Wichtigste auf einen Blick

Gebrauchstexte gibt es wie Sand am Meer. Autoren, die gelesen werden möchten, müssen deshalb um ihre Leser werben. Ihre wichtigsten Kunstgriffe:

- Verzicht auf Stolpersteine wie Klammern, Abkürzungen oder ungewohnte Schriftbilder;

- Steigerung der Lesegeschwindigkeit durch Kürze, Voranstellen wichtiger Fakten, verständliche Sprache und Unterteilung des Textes in kleine Portionen;
- Ansprache der Leser je nach Textart und Zielgruppe;
- Berücksichtigung des Vorwissens und Anknüpfen an Bekanntes;
- Motivierung der Leser durch *human touch*, Bilder, Fallbeispiele und einladende Anfänge.

4
Schreibstrategien

> Ich habe keine Probleme, etwas wieder zu verwerfen. Der Computer kommt mir da sehr entgegen, weil er mich sozusagen wie ein Tier zum Spielen, zum Spielen mit Sprache auffordert.
>
> Elfriede Jelinek

Schreibende Menschen gehen meistens ganz unterschiedlich zu Werke: »Die einen brauchen Ruhe, die anderen lassen das Radio laufen. Mit der Hand schreibt der eine, der andere mit der Schreibmaschine oder mit dem Computer, manche diktieren auf Bandgeräte. Manche schreiben zunächst alles im Stück herunter und korrigieren es dann, andere können den zweiten Paragraphen nicht beginnen, wenn der erste nicht in endgültiger Form abgeschlossen ist.«[9]

Unabhängig von solchen persönlichen Eigenheiten lassen sich typische Schreibstrategien herauskristallisieren: der kreativ-chaotische **Tarzan-Stil**, der praktische **Recycling-Stil**, der patchworkartige **Montage-Stil** und der gewissenhafte **Big-Brother-is-watching-you-Stil**. Erfahrene Schreiber kennen und nutzen alle vier Methoden und variieren ihren Arbeitsstil je nach Textsorte, Schreibphase und Anforderung.

Der Tarzan-Stil

Die Tarzan-Strategie besteht darin, den Text während des Schreibens sich selbst entfalten zu lassen: Der Autor schreibt ohne große Vorbereitung drauflos und schwingt sich von

Idee zu Idee, von Absatz zu Absatz. Intuitiv, wie es sich so ergibt: wie Tarzan von Liane zu Liane. Dieses assoziative Schreiben kann sehr produktiv sein und flüssige, ausdrucksstarke Textpassagen liefern. Im Idealfall entsteht ein Zustand des Fließens, in dem ein Wort das andere ergibt, scheinbar wie von selbst.

Bei kurzen, ein- oder zweiseitigen Texten liefert der Tarzan-Stil meistens schnell ein brauchbares Ergebnis. Bei längeren Texten müssen Tarzan-Schreiber allerdings einkalkulieren, daß sie große Textpassagen mehrmals neu schreiben oder zumindest stark überarbeiten müssen. Der Grund dafür: Mit der Textlänge schwillt die Flut der Einzelfakten an, und die Zahl der denkbaren Strukturierungsvarianten steigt. Ohne eine vorher festgelegte Struktur ist es dann schwer, die Informationen auf Anhieb in eine logische Reihenfolge zu bringen. Ein passionierter Tarzan-Schreiber schildert die Nachteile seiner Schreibstrategie:

> Erst mit dem Text wird der Gedanke eigentlich geboren und faßbar und auch wieder verworfen. Es gibt häufig Textfassungen, Abschnitte und Darstellungen, die wieder im Papierkorb landen. Oder ich merke erst beim Schreiben, daß ich eine Auswertung machen muß, die ich vorher nicht gemacht habe. Ich kann nicht alles vorhersehen; dieser Entstehungsprozeß ist ein wenig chaotisch.[10]

Bei Texten mit fünf, zehn oder mehr Seiten ist deshalb die Montage-Technik für die meisten Schreiber die bessere Wahl: Sie ist eine Doppelstrategie, bei der Sie sorgfältige Planung und freies, intuitives Schreiben miteinander kombinieren können.

Nicht geeignet ist der Tarzan-Stil für streng formale Texte, bei denen es auf jedes Wort ankommt: Zeugnisse, Verträge, Bedienungsanleitungen, Urteilsbegründungen, Entwicklerspezifikationen.

Der Recycling-Stil

PC und Scanner ermöglichen eine neue Arbeitsökonomie: Längst ist es im beruflichen Alltag gang und gäbe, frühere Texte oder Teile davon wiederzuverwerten. Per Mausklick holen sich Vielschreiber einen geeigneten bestehenden Text – ein Angebot, einen Vertrag, ein Gutachten – als Muster auf den Bildschirm und überschreiben und ergänzen die »Altbestände« mit aktuellen Daten und Klauseln. Aber auch komplexe Texte wie Lehrmaterialien, Reportagen oder wissenschaftliche Aufsätze werden aus vorhandenen Textstücken zusammengesetzt und durch neu geschriebene Überleitungen zu einem neuen → Kontext verzahnt.

Die Vorteile der Recycling-Methode liegen auf der Hand: Der Rückgriff auf Bewährtes spart Zeit und Energie; stellt sicher, daß nichts Wesentliches vergessen wird; läßt Schreibblockaden erst gar nicht entstehen und erleichtert es, an frühere Schreiberfolge anzuknüpfen. Allerdings: Recyling-Texte sind immer nur der zweite Aufguß. Wenn es, etwa bei Bewerbungsschreiben, auf Individualität, Originalität und persönliche Ansprache ankommt, ist die Methode gefährlich.

Der Montage-Stil

Der Montage-Stil ist eine patchworkartige Arbeitsweise: Ein Text entsteht nicht geradlinig von A bis Z, sondern wird nach und nach aus vielen kleinen, in sich geschlossenen Textstücken zusammengesetzt. Damit daraus kein textuelles Flickwerk wird, müssen die Voraussetzungen stimmen. Erstens: Sie haben gelernt, Texte am Computer zu *erdenken*, nicht nur handgeschriebene Entwürfe einzutippen. Und zweitens: Die Makrostruktur für den anstehenden Text ist weitgehend klar und am PC erfaßt.

Sind diese Vorbedingungen erfüllt, ist es ein leichtes, Recherche-Ergebnisse und spontane Geistesblitze gleich unter der Überschrift zu erfassen, an der sie später gebraucht werden – stichwortartig oder schon fertig ausformuliert. Nach und nach wird das Textgerüst mit Informationen angereichert, bis sich die Einzelkomponenten allmählich zu einem zusammenhängenden Ganzen verbinden:

> Bevor ich schreibe, strukturiere ich meine Texte. Ich baue immer zuerst das Skelett und überlege mir sehr klar, was ich will. Erst dann kommt allmählich das Fleisch daran [...] Das Schreiben selbst ist dann eigentlich kein Problem mehr. Wenn ich soweit bin, daß ich das Skelett habe und auch meine Daten, dann ist das Schreiben etwas sehr Schnelles.[11]

Die Vorteile dieser Arbeitsweise: Recherchieren und Texten gehen Hand in Hand; Tarzan-Schreiber können ihren Eingebungen dabei freien Lauf lassen und bewegen sich doch in den geordneten Bahnen der Makrostruktur; die sprunghafte Intuition wird unterstützt; der Schreiber kann dort mit dem Formulieren beginnen, wo er sich am sichersten fühlt; der Computer wird dabei zur externen Erweiterung des Gedächtnisses[12].

Allerdings: Mehr als andere Arbeitsweisen verändert der Montage-Stil das fertige Textprodukt. Denn: Montage-Schreiber schreiben die Informationen nicht in der Reihenfolge nieder, in der die Leser sie später präsentiert bekommen. Sondern fangen mit Kapitel 4 an, schreiben dann Kapitel 5 und arbeiten zwischendurch an Kapitel 2. Das aber geht nur, wenn jedes Kapitel für sich allein stehen kann und sein Verständnis nicht oder nur wenig von den vorausgegangenen Erläuterungen abhängt. So entstehen Texte, die eher additiv zusammengetragen als organisch gewachsen sind.

Das muß für die Leser kein Nachteil sein: So wie viele Fernsehzuschauer schnelle Schnitte bevorzugen, ziehen immer mehr Leser kleine, schnell verdauliche Informationshappen der langsamen, gründlichen Entwicklung der Gedanken vor; sie sind es gewohnt, Gebrauchstexte selektiv zu lesen, quereinzusteigen, sich durch den Text zu »zappen«.

Der Big-Brother-is-watching-you-Stil

Schlägt beim Tarzan-Stil das Pendel möglicherweise zu stark in Richtung kreatives, aber unkritisches Schreiben aus, ist es beim Big-Brother-is-watching-you-Stil genau umgekehrt: Wie in George Orwells Roman *1984* ist bei dieser Arbeitsweise ein Großer Bruder allgegenwärtig, dessen überzogene Ansprüche die leise Stimme des Unbewußten übertönen. Als innerer Zensor sorgt er zwar dafür, daß wir eine hohe Meßlatte an unsere Texte legen, Stilregeln penibel beachten und uns nicht mit dem erstbesten Einfall zufriedengeben. Gleichzeitig aber verlangt er uns Perfektion in einem viel zu frühen Stadium ab. Diesem Druck sind allenfalls begabte, geschulte Textproduzenten gewachsen. Bei anderen Schreibern lähmt der Große Bruder den freien Fluß der Gedanken. Terminprobleme, Schreibblockaden und schale, uninspirierte Texte sind die Folge.

Vor allem methodische, perfektionistische Schreiber haben unter dem Großen Bruder zu leiden. Aber auch in stressigen Schreibsituationen schlägt er zu: wenn es darum geht, eine Prüfung oder einen Vortrag zu schreiben, eine Einleitung oder einen Entschuldigungsbrief zu formulieren, eine schriftliche Hausarbeit oder eine Vorstandsvorlage unter Zeitdruck zu Ende zu bringen. Machen Sie sich in solchen Situationen klar: Sie müssen Ihre Gedanken nicht auf Anhieb druckreif formulieren. Auch erfahrene Schreiber brauchen mehrere Anläufe und Überarbeitungen, bis ein Text publikationsreif ist. Und: Der Große Bruder darf gerne mitreden – aber erst, wenn der Rohtext steht. Sobald es um den stilistischen Feinschliff geht, ist seine Stunde gekommen.

Schreibgeräte – was sie können und was nicht

Wahrscheinlich haben Sie längst persönliche Vorlieben für das eine oder andere Schreibgerät entwickelt. Wer seine Texte am PC entwickelt, wendet sich mit Schaudern von Papier und Bleistift ab; andere erledigen »das Kreative« lieber mit Notizblock, Stift und Schere und verwenden den PC nur, den um den fast fertigen Text zu erfassen. Ideal ist es, wenn Sie einen Arbeitsstil entwickelt haben, der möglichst viele Schreibgeräte nutzt – jedes zu seiner Zeit. Denn: Bis jetzt ist das Schreibgerät, das alle Anforderungen erfüllen könnte, noch nicht erfunden – auch wenn der PC die Arbeit an Texten revolutioniert hat.

Laptop und PC. Zumindest für prosaische Texte ist der Computer das Schreibgerät erster Wahl. Seine Hauptvorteile: Weil die Arbeitsweise am PC provisorisch und jederzeit revidierbar ist, treten Schreibblockaden kaum mehr auf. Änderungen am Text sind jederzeit möglich, ohne ihn deswegen neu schreiben zu müssen. Der praktische Montage-Stil wird optimal unterstützt. Schreiben, Editieren und Publizieren gehen nahtlos ineinander über.

Allerdings: Ungeübten Schreibern fällt es meistens schwer, ihre Gedanken gleich in den PC zu schreiben. Bleiben Sie trotzdem am Ball. Über kurz oder lang gewöhnen Sie sich an diese Arbeitsweise. Ein weiterer Haken: Texte, die am Computer entstehen, verfügen vom ersten Satz an über eine äußere Perfektion, die leicht über die innere Unfertigkeit hinwegtäuscht.[13] Der Schriftsteller Peter Härtling spricht aus Erfahrung: »Früher wanderten mißlungene Versuche aus der Schreibmaschine in den Papierkorb. Heute bleibt auch Mißlungenes stehen. Statt neu anzufangen, wird versucht, jeden Mist durch Korrektur zu retten.«[14]

Papier und Bleistift. Trotz aller Vorzüge von PC und Laptop: Papier und Stift sind aus der Textproduktion nicht wegzudenken. Vor allem das Überarbeiten des Textrohlings geschieht auch im elektronischen Zeitalter am besten mit Papier und Stift. Unkompliziert, ortsunabhängig, ohne Streß für die Augen.

Diktiergerät. Von Goethe erzählt man sich, er habe seine Texte diktiert und sei dabei im Schreibkontor auf- und abgeschritten. Seine Methode können sich auch berufliche Schreiber zunutze machen, indem sie ihre Texte auf Band sprechen. Das setzt allerdings voraus, daß Sie im Diktieren geübt sind. Und: Diktierte Textpassagen müssen möglichst schnell am PC erfaßt werden; anderenfalls fehlt der Überblick über den Gesamttext.

Karteikarten, Post-Its und Notizbücher sind unentbehrliche Helfer in allen Schreibphasen. Aber Vorsicht: Notizen auf lose herumflatternden Schmierzetteln, Karteikarten und Post-Its gehen im Chaos schnell mal verloren. Verwenden Sie für wichtige Aufzeichnungen lieber Notizbücher und Kladden.

Übung 6. Bitte beantworten Sie folgende Fragen: Wie würden Sie Ihren eigenen Schreibstil charakterisieren – eher chaotisch oder eher systematisch? Wie schreiben Sie am häufigsten – im Tarzan-Stil, Recycling-Stil, Montage-Stil? Oder lähmt der Große Bruder Ihren Schreibfluß? Welchen Schreibstil würden Sie gerne einmal ausprobieren? Entstehen Ihre Texte auf Papier oder gleich am PC? Wo sehen Sie die Vorteile, wo die Nachteile Ihres Arbeitsstils? Was würden Sie am liebsten an Ihrem Schreibprozeß ändern?

Das Wichtigste auf einen Blick

Vier grundlegende Schreibstrategien lassen sich unterscheiden:

- *Tarzan-Stil:* Schreiben »aus dem Bauch heraus«. Setzt auf die Kreativität und Intuition der rechten Gehirnhälfte. Liefert im Idealfall organisch gewachsene Texte ohne stilistische und gedankliche Brüche. Nachteil: Ohne vorausgeschaltete Planung ist der Überarbeitungsaufwand bei längeren Texten extrem hoch.
- *Recycling-Stil:* Basiert auf der Wiederverwendung alter Texte und Textpassagen, die an neue Erfordernisse angepaßt werden. Ein ökonomischer Arbeitsstil, der die Produktivität beträchtlich erhöht. Nachteil: Recycling-Texte sind oft nur der zweite Aufguß.
- *Montage-Stil:* Das Textgerüst steht fest und wird nach und nach mit Informationen angereichert. Das Gute daran: Intuition und Logik sind gleichermaßen am Schreibprozeß beteiligt; der Schreiber kann dort mit dem Formulieren beginnen, wo er sich am sichersten fühlt; spontane Ideen können sofort an der richtigen Stelle »eingehängt« werden.
- *Big-Brother-is-watching-you-Stil:* Das Ringen um Perfektion prägt den Schreibprozeß. Setzt auf die Regelkenntnis und das kritische Urteilsvermögen der linken Gehirnhälfte. Liefert im Idealfall schon im ersten Durchgang einen sauber konstruierten Text. Nachteil: Die freie Assoziation der Gedanken wird unterdrückt.

Die meisten Schreiber praktizieren Mischformen aus mehreren dieser Strategien.

5
PLANUNG ZAHLT SICH AUS

> Wer den Hafen nicht kennt, in den er segeln will, für den ist kein Wind ein günstiger.
>
> SENECA

Wenn Sie einen Text verfassen, sind Sie Ihr eigener Chef: Niemand gibt Ihnen vor, wann und wie Sie schreiben. Selbst das Was und Wo bleibt oft Ihnen selbst überlassen. Lediglich Abgabetermin und Umfang sind feste Größen. Mit diesem Freiraum zurechtzukommen, darin liegt der Reiz, aber auch das Risiko des Schreibens.

Wie man umfangreichere Schreibprojekte am besten anpackt, plant und managt, ist das Thema dieses Kapitels. Es ist vor allem für Leser relevant, die häufig längere Texte wie Berichte, Bedienungsanleitungen oder Fachbücher verfassen, in einer Verbandszeitschrift oder einem Wirtschaftsblatt veröffentlichen wollen oder gerade über einer Facharbeit, Examensarbeit oder Dissertation brüten.

Ein Text entsteht

Schon die alten Griechen wußten: Texte entstehen nicht in einem großen Kraftakt, sondern in einer Abfolge klar voneinander abgegrenzter Arbeitsschritte. Die antike Rhetorik unterteilte den Schreibprozeß deshalb in fünf Phasen, die ihre Gültigkeit bis heute nicht verloren haben: Vorbereitung, Planung, Erarbeitung, Überarbeitung, Endkorrektur.

Überblick über die Arbeitsschritte

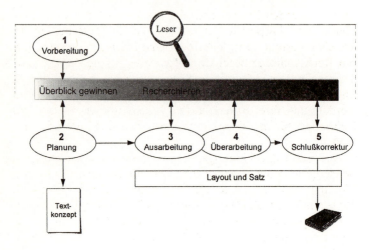

Die Vorbereitung

Zunächst gibt es eine Vorbereitungsphase (lat.: Inventio), in der die Idee zu einem Text entsteht bzw. Gestalt annimmt. Der Schreiber überlegt, wie sich das Thema anpacken läßt, was er mit seinem Text erreichen möchte, wo er welche Informationen bekommt, wie er das Schreibprojekt mit seinen sonstigen Verpflichtungen unter einen Hut bringt. Ein großer Teil dieser geistigen Auseinandersetzung findet unterhalb der Schwelle der bewußten Wahrnehmung statt: Die Gedanken schwirren frei im Kopf herum, selten findet das eine oder andere Stichwort den Weg aufs Papier, nach außen hin ist der Schreiber mit anderen Dingen beschäftigt. Der Computer als Schreibwerkzeug hat in dieser Phase noch keine Bedeutung.

Die Planung

Der zweite Schritt des Schreibprozesses ist die Planungsphase (lat.: Dispositio): Jetzt werden die entscheidenden Weichen gestellt. Der Schreibende ist in dieser Zeit intensiv mit Recherchieren beschäftigt. Er weiß, welche Aspekte des Themas in dem späteren Text auf keinen Fall fehlen dürfen. Strukturierungsmöglichkeiten kristallisieren sich heraus und werden auf ihre Brauchbarkeit überprüft. Aufwand und Zeitbedarf für die Textproduktion lassen sich jetzt grob abschätzen.

Am Ende der Planungsphase steht dann ein erstes Arbeitsergebnis: das Textkonzept, das als Minimum Absicht, Umfang und vor allem die Makrostruktur des künftigen Textes definiert. Zusätzlich sollte das Textkonzept einen groben Zeitplan enthalten. Aufwendige Konzepte können darüber hinaus umfassen: eine Aufstellung der inhaltlichen Highlights, eine Zielgruppenanalyse, eine Liste von Ansprechpartnern, Zitate, ein fertiges Kapitel.

Das Textkonzept ist für den fertigen Text das, was der Rohbau für ein neues Haus darstellt. Seine Durchdachtheit bürgt für die Qualität des Endprodukts; mangelnde Solidität läßt sich in späteren Projektphasen nur notdürftig übertünchen. Investieren Sie in diese Phase also lieber zu viel Zeit als zu wenig! Und erstellen Sie ein ausgereiftes Konzept auch dann, wenn es gar niemand von Ihnen verlangt: als *Fahrplan für Sie selbst.*

Die Erarbeitung

Die dritte Phase im Schreibprozeß ist die Erarbeitung, das eigentliche Schreiben (lat.: Elocutio). Diese Phase erfordert sehr viel Kreativität und läßt sich nur schwer steuern. Die gesammelten Ideen und Gedanken werden jetzt in Sprache umgesetzt. Dabei tauchen immer wieder offene Fragen und neue Einsichten auf, die vorher nicht bedacht wurden. In der

Praxis ist deshalb die Erarbeitung mit Phasen der Recherche und der Überarbeitung durchsetzt. Bei längeren Texten sind in dieser Phase fast immer kleinere Anpassungen der Makrostruktur notwendig – schließlich soll die Gliederung nicht einschnürendes Korsett, sondern lediglich behutsame Formhilfe sein. Falls Sie allerdings merken, daß Sie die Makrostruktur immer wieder und völlig neu organisieren, sollten Sie sich eine Denkpause verordnen: Legen Sie das Manuskript zur Seite, und überlegen Sie noch mal gründlich, wie Sie den Text am besten aufbauen.

Wenn die Erarbeitungsphase gut vorbereitet wurde, ist jetzt der Zeitpunkt gekommen, in dem sich in raren, kostbaren Momenten die Leistungseuphorie einstellt, die Mihaly Csikszentmihalyi als *Flow* bezeichnet und in denen Schreiben – auch das prosaische berufliche Schreiben – süchtig machen kann. Allerdings: Der Flow, der freie Fluß der Gedanken, läßt sich nicht herbeizwingen. Er stellt sich immer nur mitten bei der Arbeit ein, niemals davor. Deshalb ist es wichtig, daß Sie frühzeitig mit der Erarbeitung beginnen: sobald die Makrostruktur steht und Sie das Wichtigste gelesen haben. Es ist nicht notwendig, daß Sie die Materialsammlung abgeschlossen haben.

Für einen frühen Start spricht auch die Tatsache, daß erst die Erarbeitung eine wirkliche Klärung des Themas bringt. Bei der Suche nach den richtigen Worten eröffnen sich neue Gedankenverbindungen, die ihrerseits auf vorher nicht bedachte Aspekte des Themas verweisen.[15] Schreiber, die den Beginn der Erarbeitung hinausschieben, berauben sich der Chance, sich schreibend mit dem Thema auseinanderzusetzen – mangels Zeit verlieren ihre Texte an Tiefe und Facettenreichtum.

Die Überarbeitung

Die vierte Komponente des Schreibprozesses ist die Überarbeitung (lat.: Verificatio). In dieser Phase ist kritische Distanz gefragt. Ziel ist es, dem ungehobelten Textrohling Schliff und Glanz zu geben. Je nach Qualität der Rohfassung kann diese Phase ein hartes Stück Arbeit sein und viel Zeit in Anspruch nehmen. Satz für Satz gilt es, die Lesbarkeit und Verständlichkeit des Textentwurfs zu verbessern, Unklares zu präzisieren, Überflüssiges zu streichen, Vergessenes zu ergänzen, die optische Struktur zu verfeinern. In diesem Stadium rücken die in Teil III beschriebenen Stilregeln in den Vordergrund: Kann der Leser die Gedankenführung nachvollziehen? Stimmen die Satzlängen? Was läßt sich einfacher ausdrücken? Wo kann ich Substantive durch Verben ersetzen? Meistens verlangt dieses Arbeitsstadium, daß sich der Schreiber mehrmals durch den Text hindurcharbeitet.

Viele Schreiber warten mit der Überarbeitung längerer Texte übrigens nicht, bis die Rohfassung fertig ist, sondern wechseln zwischen Erarbeitung und Überarbeitung – kreativem Gedankenfluß und kritischer Detailarbeit – hin und her. Der praktische Nebeneffekt: Das Überarbeiten der »Vortagesproduktion« oder die kritische Lektüre des zuletzt geschriebenen Kapitels dient als Aufwärmphase für das Schreiben neuer Textpassagen. Erarbeiten und Überarbeiten gehen nahtlos ineinander über.

Die Endkorrektur

Der fünfte und letzte Schritt ist die Endkorrektur (lat.: Revisio). In dieser Phase werden die letzten sprachlichen Unschönheiten, Tipp- und Rechtschreibfehler und Verstöße gegen die Zeichensetzung eliminiert. Keine Frage: Diese Qualitätssicherung ist lästig und zeitaufwendig. Aber sie entscheidet, wie ein Text auf den ersten Blick wirkt: flüssig lesbar oder gespickt mit sprachlichen Stolpersteinen, professionell oder dilettantisch, vertrauenerweckend oder schlampig. Wer keine Mühe für die vermeintlichen »Äußerlichkeiten« seiner Texte aufwendet, wird selten Anerkennung für die darin beschriebenen Inhalte ernten.

Das Fundament

Zeitplanung und -management

Wie gesagt: Schreibprojekte lassen ihren Autoren oft über lange Zeit hinweg einen großen Freiraum. Der Abgabetermin sorgt zwar für Druck, liegt aber bei längeren Texten zunächst einmal in weiter Ferne. Ein selbstauferlegter Zeitplan ist deshalb ein Muß: Er hilft Bummelanten, rechtzeitig in die Gänge zu kommen, und hält Perfektionisten davon ab, sich über Gebühr in Einzelfragen zu verbeißen.

Morgen, morgen, nur nicht heute

Acht Tage für eine zehnseitige Spezifikation, ein halbes Jahr für eine Diplomarbeit mit 150 Seiten: Rein rechnerisch sind das ein, zwei Seiten Text am Tag – eine lockere Sache, möchte man meinen. Die Wirklichkeit sieht anders aus. Das geht selbst Profis so. Viele berufliche Schreiber werden sich in den Selbstbeobachtungen des Autors Joseph von Westphalen wiedererkennen:[16]

3. April 1996: Über Datum beunruhigt, hatte gedacht, es wäre erst der 29. März. Noch beunruhigter über Beunruhigung. Absolut zuversichtlich muß man beim Starten schließlich sein!

14. April: Was habe ich seit Mitte März gemacht, ich Idiot. Drei Auftragsarbeiten angenommen, obwohl ich meiner Lektorin, meiner Frau und mir versprochen hatte, das diesmal nicht zu tun.

22. April: Am 1. Mai fange ich wirklich an. Dann muß es wirklich sein. 90 Tage Zeit. Vier Seiten am Tag sind herb, aber was soll's. Selbst schuld. Im Kopf ist alles fertig.

13. Juli: Gut in Form. Nur: daß es wieder ein Wettkampf werden mußte.

28. Juli: Es könnte klappen.

6. August: Rätselhafter Aufschub. Gnadenfrist. Jetzt nur noch die 3 auf 90 Seiten veranschlagten Schlußkapitel auf 12 Seiten komprimieren. Das muß noch drin sein. Noch zwei Tage. Bitte.

Schreibprofis wie Westphalen können sich eine solche Zeitrallye leisten und trotzdem erfolgreich sein. Berufliche Schreiber aber sind meistens keine hauptberuflichen Schreiber. Sie können nur schwer abschätzen, wie lange sie für einen Text brauchen werden. Und sie können nicht alle anderen Aufgaben stehen und liegen lassen, um einen verbummelten Text termingerecht abzuliefern.

Konkrete Ziele setzen

Management by Robinson – Warten auf Freitag, den zündenden Einfall, einen guten Tag – ist für berufliche Schreiber also keine Lösung. Realistischer ist es da schon, sich konkrete Ziele zu setzen. Projekt-Meilensteine sorgen dafür, daß Sie gleichmäßig und kontinuierlich arbeiten und am Ende nicht ins Schwimmen geraten. Ein realistischer Zeitplan bezieht die folgenden Fakten und Überlegungen mit ein:

Die fünf Schritte des Schreibprozesses. Unerfahrene Schreiber stecken meist einen Großteil der Zeit in die Erarbeitungsphase und unterschätzen den Zeitaufwand für Planung und Endkorrektur. Die Textqualität bleibt auf der Strecke.

Die real verfügbare Zeit. Wieviel Zeit können Sie täglich oder wöchentlich für das Schreiben erübrigen? Zu welcher Tages- oder Nachtzeit haben Sie Ruhe zum Schreiben? Planen Sie Zeitpuffer, Pausen und – bei längeren Schreibprojekten – freie Tage ein.

Die eigene Leistungsfähigkeit. Wie viele Seiten schaffen Sie – wenn Sie ungestört sind – pro Tag? Ein Hinweis: Vier bis fünf Seiten Rohtext sind auch für erfahrene Schreiber die Obergrenze. Rechnen Sie lieber mit einem geringeren durchschnittlichen Output. Schreiben ist geistige Schwerarbeit: Nach vier Stunden konzentrierter Arbeit versickert der kreative Fluß.

Hilfe von außen. Welche Aufgaben können Sie delegieren, zum Beispiel an das Schreibbüro, an Mitarbeiter, Kollegen, wissenschaftliche Hilfskräfte? Literatur zu beschaffen, Grafiken oder ein Stichwortverzeichnis zu erstellen, Korrektur zu lesen sind zeitaufwendige Aktivitäten, die andere für Sie übernehmen können. Investieren Sie die gewonnene Zeit in die Planungs- oder die Überarbeitungsphase.

Ein Beispiel: Angenommen, Sie haben für einen Analysebericht von etwa zehn Seiten zwei Wochen Zeit – also zehn Arbeitstage. Dann könnten Sie diese Zeit so verteilen:

Schritt	Aufgabe	Zeit
1	Vorbereitung (Thema klären, Material sammeln)	2 Tage
2	Planung (Makrostruktur, Kurzbeschreibung, Zeitplan)	1 Tag
3	Erarbeitung (Rohtext schreiben)	3 Tage
4	Überarbeitung (fachliche Richtigkeit überprüfen, Verständlichkeit und Stil verbessern)	3 Tage
5	Endkorrektur und Ausdruck	1 Tag

Damit ist Ihr Tagespensum klar: in der Erarbeitungs- und Überarbeitungsphase müssen Sie pro Arbeitstag *durchschnittlich* drei bis vier Seiten schaffen, um im Plan zu liegen.

Dem eigenen Rhythmus folgen

Wie jedes Ding, haben auch Zeitpläne zwei Seiten: Einerseits geht es nicht ohne, andererseits kann zu viel Selbstdisziplin kontraproduktiv wirken. Vor allem in der Planungs- und Erarbeitungsphase, wenn die geistige Auseinandersetzung mit dem Thema unterhalb der Schwelle der bewußten Wahrnehmung abläuft, kann eine allzu rigorose Zeiteinteilung den Fluß der Ideenverknüpfungen hemmen.[17]

Deshalb ist es wichtig, pragmatisch mit der Zeit umzugehen: Betrachten Sie den Zeitplan nicht als Sklaventreiber, sondern als Taktgeber, der den Irrungen und Wirrungen des Schreibprozesses Halt und Struktur gibt. Letztlich bestimmt der Fortgang der Arbeit, nicht der Zeitplan, wie Sie Ihre Ressourcen einsetzen. Erweist sich eine Seite, ein Kapitel als schwieriger als erwartet, stehen Ihnen verschiedene Reaktionen offen: Sie können das Nächstliegende tun und den Start des nachfolgenden Textteils verschieben; Sie können Ihre Anforderungen herunterschrauben, oder Sie können das sperrige Kapitel zunächst zurückstellen – die Chancen stehen gut, daß unbewußte mentale Prozesse über kurz oder lang eine Lösung bringen. Umgekehrt können Sie, wenn eine Textpassage schneller abgeschlossen ist als geplant, früher mit der Arbeit am nächsten Kapitel beginnen oder die gewonnene Zeit in zusätzliche Recherchen stecken.

Diese Art von disziplinierter Flexibilität ist die einzige Möglichkeit, die Unberechenbarkeit des Schreibprozesses aufzufangen. Idealerweise verhalten sich Schreibprozeß und Zeitplan zueinander wie Hund und Mensch beim gemeinsamen Spaziergang: Der Mensch (das ist der Zeitplan) schreitet gleichmäßig voran, während der Hund (das ist der Schreibprozeß) mal vorausläuft und dann wieder zurückfällt. Dabei bleibt der Sichtkontakt immer erhalten; an bestimmten Ecken (das sind die Meilensteine) treffen beide zusammen; am Ende kommen beide gleichzeitig am Ziel an.

Das Wichtigste auf einen Blick

Der Schreibprozeß wird traditionell als Abfolge von fünf Schritten definiert:

1 Vorbereitung
2 Planung
3 Erarbeitung
4 Überarbeitung
5 Endkorrektur

Die konsequente Einhaltung dieser Phasen entzerrt den Schreibprozeß, beugt Schreibblockaden vor und schafft gute Voraussetzungen für Textqualität und Termintreue.

Teil II

Von der Idee zum Textprodukt

Oft wende den Griffel.
(*Saepe stilum vertas.*)

Horaz, Satiren, 1, 20,72

6

VORBEREITUNG:
FAKTEN, FAKTEN, FAKTEN

> Beherrsche die Sache, dann folgen die Worte.
> (*Rem tene, verba sequentur.*)
>
> CATO

Es ist banal, aber wahr: Gute Texte setzen voraus, daß man etwas zu sagen hat. Oder, wie Ludwig Reiners es formuliert: »Glauben Sie: kein Prunkgewand eleganten Stils kann die Blößen geistiger Nacktheit verhüllen.« Kennt man sich in der Sache aus, schwindet die Angst vor dem leeren Blatt. Die quälende Frage »Was soll ich nur schreiben?« entfällt. Wer die Fakten parat hat, kann sich ganz auf Darstellung, Sprache und Stil konzentrieren.

Idealerweise sind Texte ein Destillat überbordenden Wissens. Das aber setzt voraus, daß Schreiber mehr wissen, als auf die vorgegebene Seitenzahl paßt. Ihre Quellen sind: Wissen, Recherche, Interesse und Momenteindrücke.

Wissen

Fachwissen. Schreiber von Fachtexten halten einen unschätzbaren Trumpf in der Hand: Sie schreiben fast immer über Themen aus ihrem eigenen Spezialgebiet. Damit bringen sie einen reichen Fundus an Hintergrundwissen in ihre Texte ein, von dem die meisten Berufsschreiber – Journalisten und Literaten – nur träumen können.

Wuchern Sie mit diesem Pfund! Solide Sachkenntnisse befähigen Sie zu mehr als einer dürren, wenn auch korrekten Auflistung von Fakten! Weil Sie die Grundlagen Ihres Gebiets verinnerlicht haben, können Sie ohne Angst vor fachlichen Schnitzern konkret und detailliert beschreiben, Fakten neu verknüpfen, das Für und Wider erörtern, Beispiele anführen, Parallelen ziehen, Anekdoten erzählen, neue Fragen aufwerfen – kurz, Ihr Thema überzeugend und packend aus verschiedenen Blickwinkeln darstellen.

Allgemeinwissen. Zusätzlich zu ihrem Spezialwissen brauchen berufliche Schreiber ein breites Allgemeinwissen, zumindest aber einen sicheren Instinkt für das, was sie nicht wissen. Denn: Fachtexte überzeugen in erster Linie durch Kompetenz.

Ein Beispiel: Wer weiß, daß in den USA 255 Millionen Menschen leben, stutzt, wenn in einem Bericht steht:

> 20 Prozent der amerikanischen Bevölkerung, d.h. 36 Millionen Menschen, leiden unter Winterdepressionen.

Solche Widersprüche knacksen das Vertrauen der Leser in den Text an. Da spielt es keine Rolle, ob mangelnde Fachkompetenz, eine Lücke in der Allgemeinbildung oder einfach nur Schusseligkeit den Fehler verursacht haben.

Recherchieren

Meistens reicht das eigene Vorwissen nicht aus, um überzeugende Texte zu schreiben. Ganz gleich, ob man Kursunterlagen vorbereitet, eine Bewerbung verfaßt oder ein Gutachten erstellt – fast immer ist es nötig, weiterführende Informationen einzuholen: bei Kollegen und Mitarbeitern, aus Büchern, Zeitschriftenartikeln oder unternehmensinternen Unterlagen, aus dem Internet, im Gespräch mit Kunden und Betroffenen. Je mehr Einzelheiten Sie kennen, desto leichter wird es Ihnen gelingen, neue Aspekte aufzuzeigen und überraschende Lösungen anzubieten.

Außer nach Fakten und Daten sollten Sie bei Ihren Recherchen auch nach den folgenden Informationen Ausschau halten:

- Anekdoten
- Beobachtungen, Mutmaßungen, Gerüchten
- Berichten, Präsentationsunterlagen
- Fragen, die Leser stellen könnten
- Konkurrenzprodukten, -entwicklungen
- Metaphern und Vergleichen
- Statistiken, Bildern, Infografiken
- Strukturen – Verbindungen zwischen den Informationssplittern, die zu einer ersten Gliederung führen
- Theorien
- vergangenen und künftigen Entwicklungen
- Zitaten

Ein Tip am Rande: Vergessen Sie nicht, regelmäßig die Wirtschafts- und Wissenschaftsteile der großen Tages- und Wochenzeitungen zu sichten. Sie sind für Laien geschrieben und bieten deshalb oft bessere Anregungen für eine anschauliche, lebendige Darstellung Ihres Themas als Texte in Fachzeitschriften.

Kopien. Viele Schreiber, allen voran Studenten und Akademiker, setzen Recherchieren mit Kopieren gleich. Den Sinn und Unsinn der Kopiermanie beschreibt Umberto Eco:

> ... oft werden Kopien als Alibi verwendet. Man trägt Hunderte von Fotokopien nach Hause, man hat ein Buch zur Hand gehabt und mit ihm etwas unternommen und glaubt darum, es gelesen zu haben. Der Besitz der Fotokopien spart die Lektüre. Das passiert vielen. Eine Art Sammel-Rausch, ein Neo-Kapitalismus der Information. Setzt euch gegen die Fotokopie zur Wehr! Habt ihr sie, so lest sie sofort und verseht sie mit Anmerkungen.[18]

Interesse

Es gibt keine langweiligen Themen, es gibt nur langweilige Texte. Oder umgekehrt: Die Qualität eines Textes hängt stark davon ab, ob der Schreiber Interesse und Freude am Thema auf- und rüberbringt.

Gerade daran aber mangelt es vielen beruflichen Schreibern. Zugegeben – die Thematik von Zeugnissen, Drittmittelanträgen, Geschäftsbriefen oder Handbüchern scheint auf den ersten Blick nicht eben spannend zu sein. Andererseits weiß jeder, der schon einmal eine Fach- oder Diplomarbeit, einen Verbesserungsvorschlag oder einen Artikel für eine Fachzeitschrift geschrieben hat: Je intensiver man sich mit einem Thema auseinandersetzt, desto mehr Freude gewinnt man daran. Auch spröden, abstrakten Themen kann man mehr Verständlichkeit, eine höhere Aussagekraft oder neue Aspekte abgewinnen.

Sehen Sie sich als Beispiel den folgenden Auszug aus einer Festrede für einen ausländischen Studenten an, der einen Preis für seine herausragenden Studienleistungen erhält:

> 1987 begann Herr Javier in Deutschland eine Lehre zum Ingenieur-Assistenten, die er 1990 mit Erfolg abschloß. Danach holte er das deutsche Abitur nach, um 1992 sein Informatikstudium an der Universität Ulm aufzunehmen. Parallel dazu arbeitet er als Systemadministrator ...

Was hier entsteht, ist ein liebloses Faktengerippe. Mit etwas Überlegung läßt sich ohne weiteres ein lebhafteres Portrait des Preisträgers zeichnen:

> Weil seine 12jährige Schulausbildung aus Argentinien hierzulande nicht als abituradäquat anerkannt wurde, holte Herr Javier in Deutschland die Hochschulreife nach und studiert nun seit dem Wintersemester 1992 an der Universität Ulm – wie Sie wohl vermuten werden, mit ausgezeichnetem Erfolg. Dazu kommt: Herr Javier hat vor und während des Studiums schon eine Menge beruflicher Erfahrungen gesammelt: ...

Jetzt wird der große Plan hinter den biografischen Details sichtbar. Den Zuhörern wird klar, warum gerade dieser Student den Preis bekommt.

Momenteindrücke

In seiner Substanz ist ein gelungener Fachtext immer ein Gebräu aus Wissen, Recherche und Interesse. Für das Salz in der Suppe – oder, um im Bild zu bleiben, für das Sahnehäubchen auf dem Cappuccino – aber braucht es mehr als Spezialistentum und methodische Ideensammlung. Die entscheidende Anregung, der eigentliche Kick, die Inspiration stellt sich meistens unvermutet, aus heiterem Himmel ein: beim Joggen, unter der Dusche, kurz vor dem Einschlafen. Zufälligkeiten wie ein längst vergessener Zeitungsausschnitt, der sich beim Aufräumen findet, eine beiläufige Bemerkung der Partnerin, ein Ausspruch eines Talkshow-Gastes oder eine neu gelernte Idee aus einem anderen Wissensbereich lassen den kreativen Funken überspringen. Ohne bewußte Anstrengung fügen sich Puzzleteile zu einem Ganzen zusammen, werden Parallelen und Querverbindungen sichtbar, fügt sich eine vor Tagen hingekritzelte Idee ins Bild. Die Perspektive des Schreibers weitet sich. Aus Routine wird Begeisterung, die sich auf die Leser überträgt.

Längere Texte brauchen neben disziplinierter Kleinarbeit viele solche kleinen Erleuchtungen. Sie lassen sich herbeilocken, indem man mit offenen Augen durch die Welt geht, interessante Artikel aus Zeitungen und Fachzeitschriften sammelt, Tagebuch führt über Erfahrungen, Erkenntnisse und offene Fragen – und immer Notizbuch und Bleistift parat hat, damit flüchtige Einfälle nicht in Vergessenheit geraten.

Das Wichtigste auf einen Blick

Nur wer etwas zu sagen hat, kann überzeugende Texte schreiben. Die meisten beruflichen Schreiber haben den Vorteil, daß sie wissen, wovon sie schreiben. Quellen für Fakten und neue Verknüpfungen von Fakten sind:

- *Wissen:* solide Sachkenntnisse und ein breites Allgemeinwissen, aber auch ein sicheres Gespür für das, was man nicht weiß und deshalb nachschlagen muß.
- *Recherche:* die Beschaffung weiterführender Informationen aus der Fachliteratur, aus dem Internet, aus unternehmensinternen Unterlagen, Bibliotheken, Datenbanken usw.
- *Interesse:* Freude an der Sache motiviert dazu, dem Faktenmaterial mehr Verständlichkeit, neue Blickwinkel oder eine höhere Aussagekraft abzugewinnen.
- *Momenteindrücke:* flüchtige, spontane Einfälle, die neue Ideen und Querverbindungen schaffen.

7

Planung:
Ohne Gliederung ist alles nichts

> Wenige schreiben, wie ein Architekt baut,
> der zuvor seinen Plan entworfen
> und bis ins einzelne durchdacht hat; –
> vielmehr die meisten nur so,
> wie man Domino spielt.
>
> SCHOPENHAUER, *Über Stil und Stilkunst*

Je länger der Text, desto schwieriger ist es, einen Überblick über die gesammelten Fakten, Informationen und Gedankensplitter zu behalten. Was gehört inhaltlich zusammen? Was ist wichtig, was weniger wichtig? Was soll mit all den interessanten Details geschehen, die nirgendwohin zu passen scheinen? Berufliche Schreiber fühlen sich angesichts der Fülle der vermittelnswerten Fakten und Ideen wie Kinder vor einem Berg unsortierter Legosteine. Was ihnen fehlt, ist eine Kommode mit vielen Schubladen, die Ordnung ins Chaos bringt – in einem Wort, eine Gliederung.

Von allen Schritten des Schreibprozesses ist die Erarbeitung der Makrostruktur der individuellste und komplexeste. Der amerikanische Physiker Freeman Dyson ist nicht der einzige Schreiber, der im Grunde selbst nicht weiß, wie die Gliederung seiner Texte zustande kommt:

> Der ursprüngliche Entwurf ist irgendwie zufällig, und man weiß nicht, wie er einem in den Kopf gekommen ist. Es passiert einfach. Vielleicht beim Rasieren oder einem Spaziergang. Dann setzt man sich hin, arbeitet es durch, und dann ist der schwierig-

ste Teil geschafft. Und dabei geht es in erster Linie darum, die Teile zusammenzufügen und herauszubekommen, was funktioniert und was nicht.[19]

In diesem Kapitel finden Sie Vorschläge und Anregungen, wie Sie die unsortierten Einzelinformationen ordnen, gruppieren und in eine schlüssige Reihenfolge bringen. Parallel dazu werden Sie Zeuge, wie sich die Makrostruktur eines längeren Textes Stück für Stück entfaltet – am Beispiel der Gliederung für dieses Buch.

Grundsätze guten Gliederns

Jeder mehrseitige Text – eine wissenschaftliche Arbeit, ein Lehrbuch oder ein Forschungsbericht – gewinnt an Lesbarkeit, wenn Sie zwei Grundregeln beachten: das **Teile-und-herrsche-Prinzip** und das **Drei-Ebenen-Prinzip**.

Das Teile-und-herrsche-Prinzip

Allein der Gedanke, einen zwanzig-, fünfzig- oder gar zweihundertseitigen Text produzieren zu müssen, wirkt auf die meisten beruflichen Schreiber lähmend. Dagegen gibt es ein simples Rezept: Unterteilen Sie das Schreibprojekt in viele kleine, überschaubare Einzelprojekte. Das gelingt, wenn Sie statt weniger langer Kapitel viele kurze Kapitel einplanen. Denn: Kurze, in sich geschlossene Kapitel schaffen Übersichtlichkeit und Atempausen – für den Schreiber genauso wie für die Leser. Bei Texten mit mehr als zwanzig Seiten empfiehlt sich die folgende Faustregel: Spätestens nach zwei Seiten – besser noch in kürzeren Abständen – ist eine Überschrift oder Zwischenüberschrift fällig. Das gilt auch für wissenschaftliche Texte und anspruchsvolle Fachliteratur.

Das Drei-Ebenen-Prinzip

Ein Kapitel ist um so überschaubarer, in je weniger Ebenen es untergliedert ist. Auch Schreiber langer Texte sollten sich deshalb auf die drei Ebenen Kapitel, Unterkapitel und Abschnitt beschränken. Wenn Sie das Teile-und-herrsche-Prinzip beachten, ist das fast immer möglich. Wenn Sie möchten, können Sie zusätzlich – wie in diesem Buch geschehen – Kapitel zu Teilen zusammenfassen. Auch das schafft Struktur, ohne daß der Leser sich in überlangen Kapiteln verheddert.

Anregungen für die Strukturierung

Je komplexer und länger ein zu erstellender Text, desto weniger kann man ihm mit fertigen Gliederungsschemata beikommen. Wo Mustergliederungen vorhanden und praktikabel sind, werden sie im vierten Teil dieses Buches unter der entsprechenden Textsorte beschrieben.

Umfassender einsetzbar sind die im folgenden beschriebenen rhetorischen Gliederungsmuster. Sie geben Ihnen Anregungen, nach welchen Prinzipien Sie *Teile* Ihrer Texte strukturieren können. Denn: Bei langen Fachtexten müssen Sie einführen *und* beschreiben *und* analysieren *und* überzeugen. Bewußt oder unbewußt setzen Sie dafür ein Instrumentarium ganz unterschiedlicher Gliederungsformen ein.

Strukturieren durch Aufzählen. Die wohl einfachste Gliederungsmöglichkeit ist die Aufzählung gleichwertiger Gesichtspunkte oder Sachverhalte. Diese Gliederungsform herrscht in diesem Buch in Kapitel 2, »Verständlichkeit: Das Maß aller Dinge«, vor, das die vier Verständlichkeitsmacher Einfachheit, Struktur, Prägnanz und Leseanreize nacheinander beschreibt.

Strukturieren durch zeitliche Abfolge. Eine weitere naheliegende Form der Gliederung besteht darin, das Material chronologisch zu strukturieren. In diesem Buch wurden die Kapitel 6 bis 11 nach den Phasen des Schreibprozesses gruppiert.

Strukturierung nach dem Leserinteresse. Diese Gliederungsform berücksichtigt, daß die Aufmerksamkeit der Leser in den ersten Absätzen am höchsten ist. Entscheidende Fakten, Schlußfolgerungen oder Aktionen werden deshalb als erstes genannt, Erklärungen und Detailinformationen folgen später. Angenommen, Sie verfassen einen Tagungsbericht: Dann ist es sinnvoll, mit dem Vortrag zu beginnen, der für Ihr Unternehmen die aufschlußreichsten Erkenntnisse bringt – auch wenn er erst am letzten Tag stattgefunden hat.

Hierarchische Strukturierung. Diese Gliederungsform ist geeignet, wenn es eine eindeutige Gewichtung in den dargestellten Sachverhalten gibt. Wenn Sie zum Beispiel einem Kunden verschiedene Vorschläge für eine neue Anlagestrategie unterbreiten, können Sie Ihre Empfehlung als »Höhepunkt« an den Schluß stellen. In diesem Buch ist Kapitel 3, »Schreiben ist Service am Leser«, hierarchisch gegliedert – die am schwersten zu realisierende Stufe der Leserfreundlichkeit, die Verführung des Lesers, steht am Schluß.

Argumentative Strukturierung. Diese Gliederungsform eignet sich, das Für und Wider eines Sachverhalts, eines Produkts, einer Strategie zu diskutieren. Sie kennen diese Art der Strukturierung vielleicht noch aus dem schulischen Erörterungsaufsatz: These und Antithese werden einander gegenübergestellt und zu einer Synthese vereint.

Didaktische Strukturierung. Bei der didaktischen Gliederung geht es darum, Laien oder Einsteiger schrittweise an das Thema heranzuführen. Deshalb stellt sie die elementaren Voraussetzungen vor die komplexen Zusammenhänge, praktische Anwendungsmöglichkeiten vor theoretische Betrachtungen. Allerdings: Diese Art der Strukturierung führt fast unweigerlich zu Redundanzen, und die einführenden Abschnitte bleiben leicht im Allgemeinen stecken. Die Gliederungsform ist deshalb mit einer gewissen Vorsicht zu genießen. Unverzichtbar ist sie bei Hand- und Lehrbüchern sowie Unterrichtsfolien.

Anekdotische Gliederung. Die anekdotische Gliederung eignet sich eher für kurze Texte, zum Beispiel Zeitungsartikel, Vorträge oder Mailings. Bei längeren Texten ist sie vor allem für die Einleitung geeignet. Oberflächlich betrachtet scheint die anekdotische Gliederung allein durch Beispiele oder Zitate strukturiert zu sein. Tatsächlich aber ist die Struktur oft nur hinter den Anekdoten versteckt. Im Vordergrund stehen Lesbarkeit und Unterhaltsamkeit. Artikel im Wissenschaftsteil der großen Tageszeitungen sind oft anekdotisch gegliedert.

Kurze Texte strukturieren

Bei kurzen Texten wie Briefen oder Memos genügt meistens schon ein Fünf-Minuten-Brainstorming, die übliche Routine zu durchbrechen und die Infos in einer leserfreundlichen Reihenfolge zu nennen:

- Notieren Sie die Punkte, die Sie zur Sprache bringen wollen – WER, WAS, WANN, WO.
- Denken Sie nicht nur an die Fakten, sondern auch an das WIE und WARUM.
- Machen Sie sich bewußt, welches Ziel Sie mit Ihrem Text zu erreichen versuchen. Wollen Sie informieren, überzeugen, sich gegen etwaige Ansprüche absichern, sich entschuldigen oder einfach mit Ihrem Adressaten im Gespräch bleiben?
- Überlegen Sie, durch welches »Schmankerl« Sie Ihrem Text mehr Wirksamkeit verleihen können – einen über-

raschenden Informationssplitter, eine freundliche Nachfrage, eine witzige Karrikatur.
- Organisieren Sie dann die Informationen nach dem Leserinteresse: Beginnen Sie Ihren Text mit der wichtigsten Information.

Lange Texte strukturieren

Die Makrostruktur für einen langen Text entsteht meistens nicht in einem großen Wurf, sondern kristallisiert sich allmählich in vielen Verfeinerungsschritten heraus.

Ein Sprungbrett suchen

In vielen Unternehmen und Organisationen gibt es Standardgliederungen für komplexe Texte wie Labor- oder Finanzberichte. Finden Sie heraus, ob das auch in Ihrer Firma der Fall ist. Und: Analysieren Sie, wie andere Schreiber vergleichbare Texte strukturieren. Nicht um sie phantasielos nachzuahmen, sondern um von dort aus zu umfassenderen, didaktischeren oder originelleren Lösungen zu gelangen. Überlegen Sie, wie Sie das Thema klarer als Ihre Vorgänger darstellen, was Sie zusätzlich einbringen können, welche neue Perspektive Sie aufzeigen wollen.

Vom Chaos zum Stapel: Material sichten und ordnen

Wahrscheinlich haben Sie Ihre Unterlagen schon in der Vorbereitungsphase mit Leuchtstift, Post-it-Haftzetteln und handschriftlichen Anmerkungen präpariert. Zusätzlich können Sie das Rohmaterial jetzt gewichten und mit Randziffern versehen: Alles, was von höchster Bedeutung für Ihre Kernaussage ist, bekommt eine 1; erweiternde Informationen eine 2; weniger wichtige Einzelheiten und Argumente kennzeichnen Sie mit einer 3.[20]

Bei sehr großen Schreibprojekten mit einer entsprechend umfangreichen Materialsammlung ist es sinnvoll, die Unterlagen nach Themenbereichen vorzusortieren und weniger interessantes Material zunächst einmal wegzustellen. Das schafft eine erste Gruppierung und Platz auf dem Schreibtisch. Gesuchte Informationen sind schneller auffindbar.

Fallbeispiel. Beim Schreiben dieses Buchs begann die Strukturierungsphase mit Stapeln zu den Themen: Stilregeln, kreatives Schreiben, Textarten, Textbeispiele, Verständlichkeit.

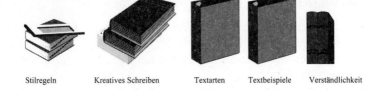

Stilregeln   Kreatives Schreiben   Textarten   Textbeispiele   Verständlichkeit

Vom Stapel zum Cluster: Informationen sammeln

Als nächstes kommt es darauf an, Einzelfakten zu sammeln und Beziehungen zwischen ihnen herzustellen. Dabei helfen Visualisierungstechniken wie Mind-Mapping oder das im folgenden beschriebene Clustering (*to cluster* = sammeln, bündeln). Sie dienen dazu, das Beziehungsnetz zwischen Daten, Gelesenem und eigenem Vorwissen grafisch darzustellen.

Clustern unterstützt das freie Assoziieren und liefert neue und vielleicht ungewöhnliche Ideenverknüpfungen.

1 Versuchen Sie, zu einer spielerischen, entspannten Haltung zu finden. Lassen Sie sich, wenn möglich, von Musik und einer angenehmen Umgebung inspirieren. Clustern können Sie überall, nicht nur am Schreibtisch!

Planung: Ohne Gliederung ist alles nichts

2 Schreiben Sie das Thema – das Kernwort – in die Mitte eines großen Papierbogens.

3 Notieren Sie den ersten Gedanken, der Ihnen einfällt, und spinnen Sie ihn weiter. Lassen Sie Ihren Gedanken freien Lauf, und halten Sie **alle** Einfälle fest.

4 Verbinden Sie neue Einfälle direkt mit dem Kernwort, und bilden Sie einen neuen Assoziations-Ast.

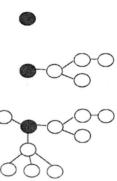

Das Clustern bietet eine Reihe von Vorteilen:

- Es bringt Übersicht in den Wust der Fakten und Ideen.
- Es unterstützt den freien Fluß der Gedanken, das Experimentieren mit Ideen. Einfälle stellen sich spielerisch, wie von selbst ein.
- Es geht schnell, beflügelt und macht Spaß.
- Kurze Texte lassen sich direkt aus dem Cluster entwickeln.

Fallbeispiel. Ein erstes Cluster für die Makrostruktur zu diesem Buch hat so ausgesehen:

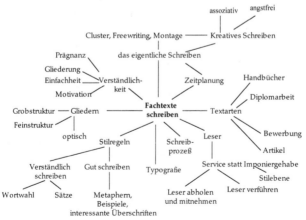

Das Cluster hat zwar noch wenig Ähnlichkeit mit der fertigen Makrostruktur dieses Buches. Aber: Wesentliche Themenkreise haben sich bereits herauskristallisiert. Eine erste Arbeitsgrundlage ist geschaffen, die Sie erweitern und verfeinern können.

Übung 7. Erstellen Sie ein Cluster über ein Projekt, an dem Sie gerade arbeiten.

Schreibziel erforschen

Mit dem Cluster haben Sie zwar das Thema als Ganzes erforscht, es aber noch nicht auf die Fragestellung oder die Leser bezogen. Deshalb sollten Sie als nächstes auf einer halben Seite Sinn, Inhalt und Kernaussage des geplanten Textes darstellen. Erfahrene Schreiber wählen für diese Kurzbeschreibung eine Sprache und eine Abstraktionsebene, die dem geplanten Text und seinen Lesern angemessen sind; ungeübte Schreiber können die Kurzbeschreibung auch in einer ganz einfachen Sprache abfassen.

Fallbeispiel. Für dieses Buch entstand in der Planungsphase als Kurzbeschreibung eine Art Klappentext:

> Ob wir es wollen oder nicht: fast täglich sind wir gefordert, Texte zu produzieren. Um Aufträge zu akquirieren, Ideen durchzusetzen, Produkte zu bewerben, wissenschaftliche Ergebnisse zu publizieren ...
>
> Wie schlecht Schreiber durch Schule und Studium darauf vorbereitet sind, zeigt sich schon bei der Durchsicht der Post: unfreundliche Anwaltsbriefe, Bewerbungen im Einheitsstil, bürokratische Hausmitteilungen. Den meisten Schreibern fällt es schwer, überzeugende Präsentationsunterlagen, griffige Fachartikel oder auch nur ein aussagefähiges Arbeitszeugnis zu formulieren.
>
> Dabei könnte alles viel einfacher sein, wenn man das Handwerk des Schreibens kennt. Wie Sie gut lesbare Fachtexte mit Wirkung und Stil produzieren – das lernen Sie mit diesem Buch.

In der Kurzbeschreibung setzen Sie sich erstmals schreibend mit dem künftigen Text auseinander. Flüchtige Ideen konkretisieren sich zu einer ersten klaren Aussage. Im fertigen Textkonzept sollten die Kurzbeschreibung und die fertige Makrostruktur inhaltlich und sprachlich zusammenpassen. Übrigens: Die Zeit, die Sie für die Kurzbeschreibung aufwenden, ist keinesfalls vertan. Fast immer kann man die Kurzbeschreibung oder einen Teil davon als Grundlage für die Einleitung oder eine vorangestellte Zusammenfassung des Textes verwenden.

Vom Cluster zur Themenliste: Informationen gruppieren

Im nächsten Schritt wandeln Sie Ihr Cluster in eine Liste der Themen um. Das heißt: Sie finden heraus, welche Themenbereiche Sie in Ihrem Text darstellen wollen. Die Reihenfolge der Kapitel erarbeiten Sie später.

Fallbeispiel. Im folgenden sehen Sie die erste Themenliste für dieses Buch. Darin sind auch die Ergebnisse der Kurzbeschreibung eingearbeitet.

Warum schreiben Schreiber?
  Um Aufträge zu akquirieren, Ideen durchzusetzen, Produkte zu bewerben, wissenschaftliche Ergebnisse zu publizieren – Um sich zu profilieren und darzustellen

Verständlichkeitsmodell
  Einfachheit – Gliederung – Prägnanz – Motivation des Lesers

Recherchieren
  Eigenes Fach- und Allgemeinwissen – Bibliotheken, Internet, Interviews – Spontane Ideen

Schreiben als Service
  An die Zielgruppe denken – Verständlich schreiben – Auf dem Vorwissen aufsetzen – Leser verführen – Sprachebene finden

Schreibprozeß und Zeitplanung

Gliedern
  Clustern – Grobstruktur finden – Feinstruktur verdeutlichen – Optische Struktur – Überschriften

Das »eigentliche« Schreiben
  Schreibhemmungen abbauen – In den Fluß kommen: Freewriting, Montage-Technik, assoziatives Schreiben – Arbeitsrhythmus finden und einhalten

Endkorrektur
  Rechtschreibung, Zeichensetzung usw.

Überarbeiten und Stilregeln
  Kritische Distanz – Stilregeln: Wortebene, Satzebene, Metaphern, Beispiele, Einleitung

Typographie
  Schriftgröße, Zeilenbreite, Trennen, Seitengestaltung

Textarten
  Geschäftskorrespondenz, Präsentationsunterlagen, Arbeitszeugnis, Handbücher und Bedienungsanleitungen, wissenschaftliche Arbeiten einschließlich Diplomarbeiten, Bewerbung, Schreiben in Prüfungen

Von der Themenliste zur Makrostruktur: Informationen ordnen

Der nächste Schritt ist der wahrscheinlich wichtigste und schwierigste: Jetzt kommt es darauf an, aus der unsortierten Themenliste die endgültige Makrostruktur zu entwickeln. Sie legen fest, in welcher Reihenfolge Sie die erarbeiteten Themen Ihren Lesern am wirkungsvollsten präsentieren. Stand beim Clustern das lockere Herumspielen mit Ideen im Vordergrund, erfordert die Erarbeitung der fertigen Makrostruktur Ausdauer und Nachdenken. Sind alle Themen berücksichtigt? Werden die Informationen in einer Reihenfolge vermittelt, die für den Leser nachvollziehbar ist? An welchen Stellen kommt es zu Überschneidungen? Ist die voraussichtliche Länge der Kapitel in Ordnung?

Es empfiehlt sich, die Makrostruktur am PC zu erarbeiten. Auf diese Weise können Sie Ihre Gliederungspunkte problemlos verschieben, ergänzen, löschen, überschreiben und mit Notizen versehen. Experimentieren Sie mit mehreren alternativen Lösungen, bis Sie überzeugt sind, die beste gefunden zu haben.

Fallbeispiel. Für dieses Buch entstand auf diese Weise die folgende Kapitelstruktur; die Überschriften sind vorerst noch provisorisch:

1	Warum schreiben Schreiber?
Teil I	Theoretischer Hintergrund
2	Verständlichkeitsmodell
3	Die richtige Einstellung zum Schreiben
4	Schreibprozeß und Zeitplanung
Teil II	Das praktische Handwerkszeug
5	Recherchieren
6	Strukturieren
7	Das eigentliche Schreiben
8	Stilregeln beachten
9	Endkorrektur
10	Typographie
Teil III	Textsorten des beruflichen Schreibens

Sie sehen: Der Text wurde in die drei großen Bereiche Theorie, Praxis und Textsorten eingeteilt.

- Im Theorieteil erfährt der Leser, welche Anforderungen ein Fachtext erfüllen muß und wie ein Text entsteht: Die Strukturierung wird von didaktischen Überlegungen bestimmt.
- Der Praxisteil orientiert sich im wesentlichen an den Stufen des Schreibprozesses: Die Strukturierung ist chronologisch.
- Im dritten Teil werden die besprochenen Textsorten alphabetisch aufgelistet: Hier wurde durch Aufzählen strukturiert.

Von der Makrostruktur zum Inhaltsverzeichnis: Überschriften finden

Im letzten Schritt geht es darum, die provisorischen Kapitelbezeichnungen der Makrostruktur in einprägsame Überschriften und Zwischentitel zu verwandeln. Dabei ist es wichtig zu wissen: Überschriften gehören zu den Textinformationen, die als erstes gelesen werden. Suchen Sie deshalb nach Überschriften, die informativ oder unterhaltsam sind oder dem Leser einen persönlichen Nutzen versprechen.

Information ist gut. Kapiteltitel wie *Bildunterschrift erstellen*, *Versicherungen im Vergleich*, *Weniger Papierstau beim Kopieren* oder *Ausbau des Spezialversands* teilen den Lesern kurz und ohne Umschweife mit, was sie erwartet. Wenig aufschlußreich sind dagegen Pseudo-Überschriften wie *Einleitung*, *Kapitel 2*, *Schlußbetrachtung* oder auch Rätselhaftes wie *Die sieben Neuen*. Sie unterteilen zwar den Text in Portionen, ihr Informationsgehalt geht jedoch gegen Null. Auch Fachbegriffe, die der Leser vermutlich noch nicht kennt, sind in einem Kapiteltitel fehl am Platz. Das gleiche gilt für Abkürzungen.

Und noch ein Punkt: Überschriften stehen nicht im luftleeren Raum. Es empfiehlt sich deshalb, Überschriften für vergleichbare Kapitel oder Unterkapitel aufeinander abzustimmen und nach einem einheitlichen syntaktischen Muster zu formulieren:

Statt
1.1 Stoffsammlung
...
1.2 Makrostruktur entwerfen
...
1.3 Überschriften – richtig formuliert
...

schreiben Sie besser:
1.1 Ideen sammeln und bündeln
...

1.2 Makrostruktur entwerfen
...
1.3 Überschriften formulieren
...

Aufeinander abgestimmte Überschriften erleichtern dem Leser die Orientierung. Allerdings: Nicht immer ist es möglich, Überschriften so aufeinander zu beziehen wie hier. Verständlichkeit, Kürze und Angemessenheit sind allemal wichtiger als Gleichklang.

Infotainment ist (oft) besser. Attraktiver, aber auch schwerer zu formulieren sind einprägsame oder unterhaltsame Überschriften. Sie sagen dem Leser nicht nur, was ihn als nächstes erwartet, sondern machen ihm auch Lust auf den nachfolgenden Text: Sie verbinden Information mit Entertainment. Infotainment in Überschriften erreicht man zum Beispiel durch Ironie, Bilder, Reime, Wortspiele, Triaden, Zitate oder Zitatvariationen.

- Bildhafte Überschrift: *Der Manager, der nackt im Regen steht* über einem Aufsatz über die Freuden und Leiden eines Jungmanagers
- Zitatvariation: *Der Apple der Erkenntnis* als Titel eines Artikels über den Apple Macintosh (in der *Süddeutschen Zeitung*)
- Triade: *Fakten, Fakten, Fakten*
- Reim: *Straff und taff* über einem Artikel zum Thema Unternehmenskultur

Ob lockere Überschriften gut ankommen oder nicht, hängt von der Textsorte ab. Ein Psychologe, der einen Forschungsbericht über Depressionen schreibt, wird nüchtern-informativen Überschriften den Vorzug geben. Berichtet er über das gleiche Thema in einer populärwissenschaftlichen Zeitschrift, kann die Überschrift lockerer gehalten sein: *Sorgen-Management. Eine neue Strategie gegen die Depression.*

Fallbeispiel. Im folgenden sehen Sie die fertige Gliederung für dieses Buch – allerdings, aus Platzgründen, nur die Kapitelebene. Wenn Sie sie mit dem Inhaltsverzeichnis vergleichen, werden Sie feststellen, daß diese Makrostruktur weitgehend beibehalten und während des Schreibprozesses nur noch erweitert wurde. Die Erweiterung war notwendig, weil sich das Thema Stilregeln letztlich als viel zu umfangreich erwies, um es in einem Kapitel abzuhandeln. In der fertigen Textfassung ist den Stilregeln ein eigener Teil gewidmet.

      1 Warum Schreiber schreiben
Teil I: Das Fundament
      2 Verständlichkeit ist meßbar
      3 Schreiben ist Service am Leser
      4 Planung zahlt sich aus
Teil II: Das Handwerkszeug
      5 Fakten, Fakten, Fakten
      6 Ohne Gliederung ist alles nichts
      7 Durchstarten und Abheben
      8 Überarbeiten mit Stil
      9 Der letzte Schliff
    10 Typographischer Schnellkurs
Teil III: Tips und Tricks für die Praxis
        Stichwort: Arbeitszeugnisse und Gutachten
        Stichwort: Bewerbungen
        Stichwort: Geschäftskorrespondenz
        Stichwort: Handbücher und Bedienungsanleitungen
        Stichwort: Präsentationen
        Stichwort: Pressemitteilungen
        Stichwort: Protokolle
        Stichwort: Wissenschaftliche Arbeiten

Das Wichtigste auf einen Blick

Die Makrostruktur ist das Rückgrat jedes Textes. Sie läßt sich nicht in einem Kraftakt aus dem Ärmel schütteln, sondern entsteht schrittweise, Stück für Stück.

1. Analysieren Sie Gliederungen vergleichbarer Texte.
2. Bringen Sie eine erste Ordnung in das gesammelte Material – durch Anmerkungen, Markierungen, Numerierungen, Aussortieren, sinnvoll geordnete Stapel.
3. Entspannen Sie sich, und lassen Sie Ihren Gedanken freien Lauf. Visualisierungstechniken wie Clustering lassen Beziehungen und Verknüpfungen zwischen den Einzelfakten sichtbar werden.
4. Schreiben Sie in wenigen Sätzen auf, was Sie mit Ihrem Text erreichen wollen.
5. Übertragen Sie das Cluster in eine Themenliste.
6. Entwickeln Sie aus der Themenliste die endgültige Makrostruktur. Das geht am besten am PC.
7. Halten Sie die Augen offen nach aussagefähigen und einprägsamen Überschriften, die der Makrostruktur den letzten Schliff geben.

8

ERARBEITUNG:
DURCHSTARTEN UND ABHEBEN

Don't get it right, get it written.

DEBORAH DUMAINE

»Alles fließt. Am Morgen zwei Highballs, zum Mittagessen französischer Wein, nachmittags mit drei, vier Freunden drei, vier Flaschen Whiskey und zum Abendessen Chianti aus der Korbflasche, vier oder fünf Liter: ein Tag im Leben des Ernest Hemingway« – heißt es in einem Artikel von Fritz Rumler über die Mittel und Wege, mit denen berühmte Autoren sich in Schreibstimmung bringen.[21] Auch Amerikas größter Romancier, William Faulkner, war berühmt für seine Alkoholexzesse, und sogar von Goethe sagt man, er habe täglich zwei Flaschen »Würzburger Stein« getrunken.[22]

Keine Frage: Der Griff zur Zigarette, literweise Kaffee, Aufputschmittel und ein, zwei Gläser Rotwein fördern Phantasie und Konzentration und lindern die Anspannung, unter der die meisten Schreiber – nicht nur die berühmten – stehen. Eine Dauerlösung gegen Schreibstreß und Schreibblockaden sind solche weichen und härteren »Drogen« natürlich nicht. Denn: Versagensängste, Erfolgs- und Termindruck und daraus resultierende Schreibhemmungen sind keine Eintagsfliegen. Sie machen uns vielmehr Tag für Tag neu bei jeder Einleitung, jedem Kapitelanfang zu schaffen. Dagegen hilft auf Dauer nur eins: eine ganz persönliche Strategie, die den Schreibfluß in Schwung bringt und Freude an der Herausforderung des Schreibens vermittelt.

Der abgekaute Bleistift

Melissa ist Ärztin und ausgewiesene Spezialistin auf dem Gebiet der Homöopathie. Von einem Verlag bekommt sie das Angebot, einen Ratgeber über Naturheilverfahren zu schreiben. Melissa nimmt den Auftrag begeistert an – endlich kann sie ihre Ideen einem breiten Lesepublikum nahebringen. Innerhalb weniger Tage reicht sie das angeforderte Textkonzept ein: Die Gliederung des Themas liegt für sie auf der Hand, ein kurzer Aufhängertext ist schnell geschrieben. In den nächsten Wochen liest und sichtet Melissa die Literatur zum Thema – von den neuesten Forschungsergebnissen bis hin zu Artikeln und Sonderbeilagen in Frauenzeitschriften. Interessante Informationen, Zitate und Anregungen gibt sie gleich in den PC unter dem entsprechenden Gliederungspunkt ein. Bei ihren Recherchen wird Melissa deutlicher als bisher klar, wie umstritten die meisten alternativen Heilverfahren sind: Während die einen sich wahre Wunder von der Naturmedizin erhoffen, tun Kritiker sie als Humbug und Scharlatanerie ab.

Als Melissa mit der Erarbeitung ihrer Notizen beginnt, ist sie zunehmend verunsichert. Steht sie naturheilkundlichen Verfahren etwa zu unkritisch gegenüber? Müßte sie als Wissenschaftlerin nicht die Vielfalt der Gegenmeinungen und widersprüchlichen Forschungsergebnisse explizieren? Andererseits: Sie will ihre Leser nicht verunsichern. Und: Der Verlag erwartet einen Ratgeber, der die Naturheilkunde als die bessere Medizin darstellt. Stundenlang sitzt Melissa vor dem PC, formuliert, löscht, verschiebt, blättert in ihren Unterlagen, fängt immer wieder von vorne an. Fast alles, was sie schreibt, erscheint ihr einseitig, unausgewogen, zu wenig differenziert. Es fällt ihr schwer, die neu angelesenen Theorien und vorsichtigen Wertungen der Fachliteratur in eine einfache, griffige Sprache umzusetzen. Nach einer Weile ist sie völlig blockiert.

Drei Wochen später ist noch immer kein einziges Kapitel

fertig. Melissa beschließt, sich eine Auszeit zu nehmen und das Manuskript in den nächsten beiden Wochen nicht mehr anzurühren. In einem ausführlichen Gespräch mit einer Patientin wird ihr bewußt, wie pragmatisch und undogmatisch sie in der Praxis Homöopathie und Schulmedizin miteinander verbindet. Nachdem sie die Patientin verabschiedet hat, nimmt sie sich die Zeit, die Inhalte des Beratungsgesprächs aufzuschreiben: in ihren eigenen Worten, mit allen Vor- und Nachteilen der diskutierten Alternativen, so, als würde sie der Patientin einen Brief schreiben. Plötzlich findet sie den richtigen Ton, einen eigenen Ansatz. Das Ergebnis ist ein Text, der zwar unausgereift ist, aber eine brauchbare Arbeitsgrundlage darstellt. Melissa beschließt, sich ab jetzt beim Schreiben auf ihre ärztliche Erfahrung zu stützen und Gegenmeinungen am Ende jedes Kapitels in einem geschlossenen Textblock (Überschrift: »Das meint die Wissenschaft«) zusammenzufassen. Auch im weiteren Verlauf der Arbeit erweist sich die Vorstellung, die verschiedenen Behandlungsalternativen einem Patienten zu erklären, für Melissa als wirksames Rezept gegen Schreibblockaden.

Melissas Schreibgeschichte spiegelt mit ihren Ursachen und Symptomen typische Probleme beruflicher Schreiber wider: die anfängliche Euphorie für ein Thema; die böse Überraschung, das eigene Expertenwissen nicht ohne weiteres in einen lesbaren Text umsetzen zu können; die Schwierigkeit, sich von den Inhalten und Darstellungsformen der Fachliteratur zu lösen; das Problem, einen eigenen Stil zu finden; das zeit- und kräftezehrende Ringen um den passenden Einstieg.

Testen Sie Ihre Anfälligkeit für Schreibblockaden

Schreibstörungen können verschiedene Gesichter haben. Je mehr der folgenden Aussagen Sie mit Ja beantworten, desto größer ist die Wahrscheinlichkeit, daß Sie gelegentlich oder permanent mit Schreibblockaden zu kämpfen haben.

Aussage trifft zu	Ja/Nein
Ich streiche Geschriebenes ständig durch.	❏ ❏
Ich habe Angst, nicht rechtzeitig fertigzuwerden.	❏ ❏
Mir fällt nichts ein, ich weiß nicht, was ich schreiben soll.	❏ ❏
Ich schiebe das Schreiben so lang wie möglich hinaus.	❏ ❏
Meine Texte klingen langweilig und hölzern.	❏ ❏
Meinen Texten fehlt die Struktur.	❏ ❏
Ich habe Angst, mich zu blamieren.	❏ ❏
Ich habe Angst, zuviel von mir selbst preiszugeben.	❏ ❏
Schreiben ist der schlimmste Teil meiner Arbeit.	❏ ❏
Ich kann den Anfang nicht finden.	❏ ❏
Ich schreibe zwar schnell, aber alles wirr durcheinander.	❏ ❏

Schreibhemmungen und ihre Ursachen

Seien Sie versichert: Fast alle Schreiber leiden unter Schreibstörungen – nicht immer, aber ziemlich oft. Das ist kein Wunder: Schreiben ist eine hochkomplexe, geistige Aktivität, auf die uns Schule, Studium und Beruf nur sehr ungenügend vorbereiten. Dazu kommt, daß es mit heftigen Gefühlen verbunden ist. Von der Hoffnung auf Anerkennung, einen interessanteren Job oder einen neuen Kunden über die Berauschtheit am eigenen Wort bis hin zu Langeweile und Versagensangst geht es die Gefühlsskala rauf und runter.

Schreiben ist *schwer*

Ohne daß wir es merken, laufen bei der Arbeit am Text Milliarden von Impulsen zwischen den beiden Gehirnhälften hin und her. In Bruchteilen einer Sekunde werden sie in der einen Gehirnhälfte, meist der kreativen rechten, entworfen, in der rationalen linken analysiert, mit gespeichertem Vorwissen abgeglichen und emotional bewertet. Einige wenige durchbrechen die Schwelle zum Bewußtsein und werden zu Gedanken, mit denen wir uns bewußt auseinandersetzen.

Bei alledem müssen Schreiber wie Jongleure verschiedene Bälle *gleichzeitig* und mit gleichem Erfolg in der Luft halten: fachliches Know-how, logisches Denken, kommunikative Kompetenz, Stilgefühl, Liebe zum Detail und Überblick über das große Ganze, grammatikalische Präzision, korrekte Zeichensetzung. Die Fülle der Anforderungen, Assoziationen und Informationen, die beim Schreiben auf uns einstürmt, führt leicht zu Reizüberflutung und dem Gefühl, ständig überfordert zu sein.[23]

Wenn im Kopf zu viel abläuft, besteht die Gefahr, daß schließlich gar nichts mehr geht. Die Folge sind Blockaden und Schreibstörungen:

- Ihnen fällt nichts ein.
- Sie sitzen am Schreibtisch und hängen Ihren Gedanken nach – daß Ihr Auto in die Werkstatt muß und die Kollegin von gegenüber auch mal wieder zum Friseur.
- Sie schreiben wie besessen, merken aber, daß ein Satz nicht zum nächsten paßt.
- Sie bringen nur abgedroschene Phrasen zu Papier, die Ihnen selbst nicht gefallen.
- Ihre Texte werden grundsätzlich erst im letzten Moment fertig – mit viel Kaffee und wenig Schlaf.

Die Macht der Gefühle

Sie meinen, in Fachtexten hätten Gefühle keinen Platz? Dafür sei die Materie zu trocken, die Darstellungsform zu nüchtern? Schließlich würden Sie ja keine Liebesgedichte schreiben? Das ist richtig – aber nur die halbe Wahrheit. Wahr ist, daß die meisten Fachtexte im fertigen Zustand bar jeder Emotion zu sein scheinen: Argumente und Gegenargumente werden scheinbar leidenschaftslos vorgetragen,

Schreiber und Leser kommen als Personen nicht vor, ein ausgeprägter → Nominalstil und die häufige Verwendung des Passivs schaffen Distanz.[24] Aber: Ganz gleich, wie abgeklärt sich der druckreife Text präsentiert – der *Prozeß des Schreibens*, die *Textproduktion*, ist immer mit starken positiven und negativen Gefühlen verbunden.

Anspannung ist ein Teil des Schreibprozesses, dem sich wohl niemand entziehen kann. Berufliche Schreiber stehen fast immer unter Termin- und Erfolgsdruck; der Schreibfluß ist schwer berechenbar; auch geübte Schreiber wissen nicht von vornherein, ob ihnen am Ende ein erstklassiges Ergebnis gelingen wird.

Hoffnungen und Ängste. Texte können wichtige Meilensteine für die Karriere sein: Diplomarbeiten, Bewerbungen, wissenschaftliche Aufsätze, Aquisitionsmappen, Konzepte und Pressemitteilungen entscheiden über berufliche Anerkennung, Einkommen und unternehmerischen Erfolg. Je mehr auf dem Spiel steht, desto größer ist auch die Angst, sich zu blamieren. Das geht sogar Berufsschreibern so: »Statt an die Sache zu denken, über die ich schreiben soll«, beobachtet der Journalist und Schriftsteller E.A. Rauter, »verengt sich meine Aufmerksamkeit auf das Vergehen der Minuten bis zum Abgabetermin oder um die Gewißheit, ich sei nicht ›begabt‹ und zur Einfallslosigkeit verdammt; oder um die Sorge, ich könnte durch ungewöhnliche Vokabeln den Chefredakteur gegen mich aufbringen.«[25]

Unlust und Langeweile. Nicht jeden beruflichen Text schreiben wir aus fachlichem Interesse oder innerer Überzeugung. Anträge zur Verlängerung von Förderprogrammen oder Bewilligung von öffentlichen Mitteln, Gutachten und Zeugnisse, System- und Programmdokumentationen sind bei aller Notwendigkeit lästige und zeitaufwendige Verpflichtungen – weder spannend noch persönlich lohnend. Die Lustlosigkeit, mit der sie verfaßt werden, schlägt sich unter anderem in Amtsdeutsch und fehlender Nähe zum Leser nieder.

Neugier und Interesse. Wer sich für ein Thema begeistert, bringt gute Voraussetzungen für seine sachkundige, profunde, spannende Darstellung mit. Allerdings kann allzu viel Faszination für die Sache dazu führen, daß die Arbeit am Text zu kurz kommt. Zum Beispiel, weil Sie sich in Recherchen, Versuchsaufbauten oder Experimente verbeißen und den Aufwand für das »Zusammenschreiben« der Ergebnisse unterschätzen. Vor allem Studenten und junge Wissenschaftler erliegen dieser Gefahr. Und: Experten ihres Gebiets neigen dazu, alle Facetten ihres Wissens an den Leser bringen zu wollen. Vor lauter Details bleiben Lesbarkeit, Verständlichkeit und Prägnanz auf der Strecke.

Schreibeuphorie (Flow). Auch berufliche Schreiber kennen das Gefühl: Ein Abschnitt, um den man schon seit Stunden ringt, steht plötzlich klar vor Augen. Solche Momente müheloser Produktivität sind die Highlights des Schreibens. Textstücke, die in dieser Phase entstehen, erscheinen uns wie eine Eingebung des Himmels. Allerdings kann sich später herausstellen, daß die Berauschtheit am eigenen Wort zu Weitschweifigkeit, verstiegenen Behauptungen oder überzogenen Phrasen verführt hat. Auf jeden Flow muß deshalb eine kritisch-distanzierte Phase folgen, in der Sie den Bezug zum Thema und die stilistische Angemessenheit der Darstellung sicherstellen.

Arbeitsrhythmus und Schreibrituale

Es ist nicht einfach, in einem hektischen Berufsalltag Ruhe und Zeit zum Schreiben zu finden. Wo Telefone klingeln, Kollegen hereinplatzen, der Chef zu einer unvorhergesehenen Besprechung bittet und Termine aller Art drängen, braucht es feste Gewohnheiten und Rituale, um die nach außen gewandten Energien nach innen zu konzentrieren. Die folgenden Vorschläge helfen Ihnen, in wenigen Minuten die richtige Atmosphäre zum Schreiben herzustellen und Schreibblockaden zu behandeln.

Entspannen Sie sich. Sie kommen gerade aus einem Meeting, Ihre Chefin hat Ihren Urlaubsantrag abgelehnt, oder Sie haben den ganzen Vormittag nach einem heiklen Fehler im Programm gesucht. Wenn Sie in dieser Stimmung versuchen, übergangslos an Ihrem Projektbericht weiterzuschreiben, sind Schreibstörungen vorprogrammiert. Sinnvoller ist es, vor dem Schreiben einen Gang herunterzuschalten: Schauen Sie aus dem Fenster, oder lassen Sie den Blick ziellos durchs Büro wandern. Lassen Sie das Projekt, die damit verbundenen Erfolge und Probleme und die beteiligten Mitarbeiter vor Ihrem inneren Auge vorbeiziehen. Kritzeln Sie spontane Ideen aufs Papier. Was beschäftigt Sie am meisten? Was ist für die Leser am wichtigsten? Worauf wollen Sie hinaus? Jetzt dürfte der Punkt erreicht sein, an dem Sie wirklich »bei der Sache« sind und konzentriert an Ihrem Bericht weiterarbeiten können.

Lassen Sie sich von guten, einfach geschriebenen Texten inspirieren. Eine andere Alternative zur Einstimmung ist Lesen – um zur Ruhe zu kommen, aber auch, weil sich Sprache und Rhythmus gut geschriebener Texte auf uns übertragen. Ludwig Reiners' Empfehlung, am Beispiel kraftvoller Texte zu lernen, ist heute so nützlich wie vor fünfzig Jahren: »Lesen Sie, bevor Sie etwas niederschreiben, […] in einem guten Buche, das in einem sehr persönlichen, aber natürlichen Stil geschrieben ist. Sie werden – wenn Sie ein empfänglicher Mensch sind – ein wenig im Rhythmus jenes Buches denken, fühlen und schreiben.«[26]

Entwickeln Sie Schreibrituale. Feste Gewohnheiten sind ein gutes Mittel, sich aus der Bürohektik zu lösen und Ihre Aufmerksamkeit auf einen Artikel, einen Schriftsatz, eine Analyse zu richten. Eine Redakteurin kocht sich eine große Kanne Kräutertee, ehe sie mit dem Schreiben beginnt; ein Manager zieht Jackett und Schuhe aus und stellt das Telefon auf seinen Assistenten um; eine Unternehmensberaterin schottet sich mit Discman und Beethoven-Sonaten von ihrer Umwelt ab.

Setzen Sie sich konkrete Ziele. Beginnen Sie jede Schreibsitzung mit einem konkreten Ziel. Das können ganz banale Dinge sein: Sie können sich zum Beispiel vornehmen, kürzere Sätze zu formulieren, Ihrem Hang zum Fachjargon zu widerstehen, auf eine lebendigere Ausdrucksweise zu achten oder öfter als bisher im Stilwörterbuch oder in einem → Thesaurus nachzuschlagen. Stellen Sie sich Ihr »Tagesziel« konkret vor, und überlegen Sie, wie Sie es umsetzen können.

Wechseln Sie die Arbeitsumgebung. Ganz klar: Ein Großteil der »Schreibarbeit« findet zwangsläufig im Büro, am Schreibtisch statt. Das ist auch gut so: Die Kreativitätsforschung fand nämlich heraus, daß für den Hauptteil einer kreativen Unternehmung ein gewohntes, eher langweiliges Umfeld förderlich ist, in dem man ungestört arbeiten kann.[27] Andererseits spricht vieles dafür, daß anregende oder besonders schöne Umgebungen der beste Nährboden für ungewöhnliche Lösungen und Formulierungen sind. Gewöhnen Sie es sich deshalb an, hin und wieder den Schreibort zu wechseln und im Café um die Ecke, im Flugzeug oder zu Hause am Küchentisch bei klassischer Musik und einem Glas Wein zu schreiben.

Bewegen Sie sich. Wenn Sie sich blockiert fühlen, kann es helfen, ein Stück durch den nächsten Park zu laufen oder im Büro auf- und abzugehen. Bewegung und halbautomatische Tätigkeiten regen die Hirntätigkeit an und stimulieren unterhalb der Bewußtseinsschwelle den Schreib- und Gedankenfluß. Gert Mattenklott, publikationsfreudiger Professor für Literaturwissenschaft an der Freien Universität Berlin, erarbeitet seine wissenschaftlichen Aufsätze aus diesem Grund am liebsten auf langen Zugfahrten zwischen Marburg und Berlin: »Ich erlebe hier in Berlin oft eine Schreibhemmung, die sich sofort löst, wenn der Körper bewegt wird, wenn sich zum Beispiel die Augen im Zug über die Landschaft bewegen.«[28]

Motivieren Sie sich mit Schreibutensilien, die Ihnen gefallen.
Ein witziger Kugelschreiber, ein wertvoller Montblanc-Füller, eine ganz bestimmte Sorte Schreibblock, knallbunte Post-Its oder ein individueller Bildschirmhintergrund schaffen ein Gefühl des Wohlbehagens und des Selbstvertrauens. Konzentration und Kreativität hängen auch von solchen Kleinigkeiten ab.

Alles fließt

Fast jeder Mensch hat ihn schon dann und wann erlebt: den beglückenden Zustand, in dem wir in dem aufgehen, was wir tun, und Leistungen mühelos, wie von selbst erbringen. Wie schon erwähnt, bezeichnet der Psychologe und Kreativitätsforscher Mihaly Csikszentmihalyi dieses Hochgefühl, in dem man Raum und Zeit vergißt, als »Flow«.

Wahrscheinlich verdanken wir den Zustand des Fließens einer konzertierten Aktion des körpereigenen Belohnungsstoffes Dopamin mit dem Peptid Cholecystokinin – zusammen versetzen sie den Organismus in eine positive Stimmung, wenn wir unser individuelles Potential voll umsetzen. Jogger und Bergsteiger kennen und suchen dieses Gefühl, genauso Chirurgen, Schachspieler und eben auch Schreiber.

Das Gute daran: Nicht nur die Besten ihres Faches können einen Flow erleben. Die Leistungseuphorie kann sich vielmehr immer dann einstellen, wenn sich Anforderung und

Aufgabe in etwa die Waage halten und wir uns auf dem feinen Grat zwischen Angst und Langeweile bewegen.[29] Je öfter wir es schaffen, in den Schreibfluß zu kommen, desto mehr Freude gewinnen wir der Textproduktion ab. Und desto weiter treiben wir die Grenzen unserer Fähigkeit voran.

Der Zustand des Fließens läßt sich nicht herbeizwingen. Schreiber können aber lernen, ihm den Boden zu bereiten. Einerseits durch klare Ziele und andererseits durch kreative Schreibmethoden wie → Clustering und → Freewriting.

Klare Ziele

Zu den Hauptschwierigkeiten des Schreibens gehört es, daß das Endprodukt und seine Qualität so schwer faßbar sind. Deshalb müssen Schreiber selbst für Vorgaben sorgen: Eine ausgereifte Gliederung, fundiertes Fachwissen, eine klare Vorstellung über den eigenen Standpunkt und die Erwartungen der Leser geben der Schreibarbeit Halt und Struktur. Je genauer wir wissen, was im nächsten Abschnitt stehen soll, desto flüssiger und entsprechend lohnender ist der Schreibprozeß. Je diffuser diese Vorstellung bleibt, desto größer ist der Kampf mit den Formulierungen.

Die folgenden Gewohnheiten helfen, den Schreibfluß in die richtige Richtung zu lenken:

- Lesen Sie durch, was Sie am Vortag geschrieben haben.
- Vergegenwärtigen Sie sich Ihr Lesepublikum. Am besten stellen Sie sich vor, wie jemand, den Sie kennen und der ein typischer Vertreter Ihrer Zielgruppe ist, Ihren Text liest.
- Legen Sie Ihre Gliederung oder Ihre Stichworte so auf den Schreibtisch, daß Sie sie immer vor Augen haben.
- Lesen Sie Ihre Notizen und Kopien für den anstehenden Abschnitt konzentriert durch – am besten einmal am Vorabend und dann noch einmal unmittelbar vor der Text-

produktion. Damit frischen Sie nicht nur Ihr Gedächtnis auf. Sie erreichen auch, daß Gelesenes und Gehörtes zusammen mit Ihren eigenen Ansichten und Meinungen unterhalb der Bewußtseinsschwelle brodeln und sich zu einer neuen Perspektive verknüpfen.

Freewriting

Um den kreativen Prozeß in Schwung zu bringen, ist es wichtig, den inneren Zensor auszuschalten und unverkrampft an das Schreiben heranzugehen. Dabei hilft Freewriting, eine kreative Schreibtechnik, bei der es darauf ankommt, Gedanken zügig und ohne Stocken aufzuschreiben. Und das geht so:

- Schreiben Sie mindestens zehn Minuten lang, so schnell Sie können, über das Thema auf Ihrem Zeitplan. Kümmern Sie sich zunächst nicht um Wortwahl, Grammatik, Rechtschreibung oder inhaltliche Lücken. Es spielt keine Rolle, ob Sie ganze Sätze oder nur Satzfragmente aufschreiben.
- Lesen Sie während dieser zehn Minuten das Geschriebene nicht durch, bessern Sie nichts aus, gehen Sie nicht ans Telefon. Egal, was passiert: Zwingen Sie sich, unentwegt weiterzuschreiben.
- Spüren Sie, wie die Hand in mechanischen Bewegungen über das Papier gleitet, wie die Finger in monotonem Rhythmus auf die Tasten hämmern.
- Wenn Sie mit einer Idee kämpfen, protokollieren Sie Ihre Überlegungen: »Ich weiß nicht, ob man das so sagen kann, aber worauf ich hinaus will, ist ...«
- Wenn Ihnen nichts oder nichts mehr einfällt, schreiben Sie einfach: »Mir fällt nichts ein fällt nichts ein fällt nichts ein« – solange, bis Ihnen eben doch eine neue Idee kommt.
- Wenn Sie vom Thema abkommen, zum Beispiel, weil Ihnen einfällt, daß Sie einen Zahnarzttermin vereinbaren

oder das Auto zum TÜV bringen müssen, notieren Sie die Erledigung auf einer separaten Liste. Auf diese Weise schreiben Sie sich störende Gedanken von der Seele und können sich ohne Ablenkung auf den Schreibfluß konzentrieren.

Freewriting ist die einfachste Art, Worte zu Papier zu bringen. Denn: Statt darüber nachzudenken, was Sie schreiben könnten, schreiben Sie nieder, was Sie denken. Ihr Hauptziel ist nicht der Text – schon gar kein ausgereifter Text –, sondern der Prozeß der Text*produktion*. Dazu Peter Elbow, der Leiter des Writing Program an der Universität New York: »Manchmal produzieren Sie gute Texte, aber darauf kommt es nicht an. Manchmal produzieren Sie Schrott, aber auch das spielt keine Rolle. Vielleicht bleiben Sie bei einer Sache, vielleicht springen Sie von einem Thema zum nächsten: egal. Manchmal geben Sie Ihren Bewußtseinsstrom recht genau wieder, oft aber können Sie damit nicht Schritt halten.«

Zugegeben: Freewriting stellt vertraute Gewohnheiten auf den Kopf. Es erfordert Mut, einfach draufloszuschreiben und abzuwarten, was herauskommt. Dafür aber bringen zehn Minuten Freewriting etwa eine bis eineinhalb Seiten Text. Das ist fast immer mehr Stoff zum Nachdenken und Weiterbearbeiten, als wenn Sie zehn Minuten lang über dem ersten Satz gebrütet hätten. Dazu kommt: Das Erlebnis, non-stop zu schreiben, vermittelt Ihnen Vertrauen in Ihre Schreibkünste. Sie merken, daß Sie etwas zu sagen haben und daß Ihnen immer mehr einfällt.

Übung 8. Schreiben Sie zehn Minuten lang auf, was Ihnen gerade in den Sinn kommt. Oder schreiben Sie zehn Minuten lang über ein Projekt, an dem Sie gerade arbeiten. Ihr wichtigstes Ziel dabei: den inneren Zensor auszuschalten und ohne Pause zu schreiben – auch dann, wenn Sie meinen, Unsinn zu produzieren.

Das Wichtigste auf einen Blick

Der Beginn der Erarbeitungsphase ist ein kritischer Moment: Mehr als in den Phasen davor ist jetzt Ihre eigene Kreativität gefordert. Die Angst, dieser Herausforderung nicht gewachsen zu sein, kennen alle Schreiber – auch Profis. Die folgenden Ratschläge sollen Ihnen helfen, sich künftig schneller freizuschreiben:

- Akzeptieren Sie, daß auch berufliches Schreiben manchmal mit heftigen Gefühlen verbunden ist. Probleme und Emotionen, die wir bewußt wahrnehmen, verlieren ihre Schrecken. Wir können sie neu bewerten, abschütteln oder einfach beschließen, mit ihnen zu leben.[30]
- Beginnen Sie frühzeitig mit der Erarbeitung, wählen Sie je nach Stimmung und Schreibfluß eine vertraute oder anregende Umgebung, und machen Sie sich frei von dem Anspruch, auf Anhieb druckreife Texte zu verfassen.
- Entwickeln Sie Schreibrituale – entspannen Sie sich, stellen Sie das Telefon leise, machen Sie es sich bequem, lesen Sie ein paar Seiten in einem »guten« Buch, bevor Sie mit dem Schreiben beginnen.
- Schreiben Sie, wie Sie sprechen: ohne zu stocken, zu löschen, sich an einem Wort festzubeißen. Freewriting hilft Ihnen dabei. Klare Ziele, vor allem eine durchdachte Makrostruktur, sorgen dafür, daß der Schreibfluß trotzdem nicht aus dem Ruder läuft.

9
ÜBERARBEITUNG:
DANN PRÜFE, OB SICH BESS'RES FINDET

> Es gibt keine gute erste Fassung.
>
> E. A. RAUTER,
> *Die neue Schule des Schreibens*

Das Paradoxe am Schreiben ist, daß man beides braucht: den kreativen Fluß und die penible Kleinarbeit. Die meisten beruflichen Schreiber unterschätzen die Knochenarbeit, einen Textrohling zum druckreifen Text zu entwickeln. Berufsschreiber wissen es besser: Hemingway zum Beispiel formulierte die letzte Seite seines Romans *Wem die Stunde schlägt* 39mal neu, bevor er damit zufrieden war.[31]

Fast immer bedarf der erste Entwurf umfangreicher Veränderungen, Verbesserungen, Erweiterungen und Kürzungen. Am besten betrachten Sie Ihren Textrohling ohne Sentimentalität und Eitelkeit als das, was er ist: ein unbehauener Stein, den Sie in vielen kleinen Schritten meißeln, schleifen, polieren oder – sollte er sich als zu glatt erweisen – aufkratzen müssen. Dafür benötigen Sie: harte Arbeit, kritische Distanz und System.

99 Prozent Transpiration

Viele berufliche Schreiber verwechseln aus Unerfahrenheit die Überarbeitungsphase mit dem abschließenden Korrekturlesen. Tatsächlich haben diese beiden letzten Phasen des Schreibprozesses nicht die geringste Ähnlichkeit miteinander. Die Endkorrektur ist eine Qualitätskontrolle, bei der vor allem Rechtschreibung, Grammatik und Zeichensetzung überprüft werden. Die Textüberarbeitung ist dagegen eine Generalüberholung, nach der Sie Ihren Textrohling möglicherweise kaum wiedererkennen.

Die meisten Texte, die Sie lesen, auch dieses Buch, wurden nach der Fertigstellung des ersten Entwurfs erheblich verändert und verbessert. Das ist völlig normal: Ein Textrohling ist immer nur ein Experiment, ein erster Versuch, keinesfalls – wie unerfahrene Schreiber meinen – ein fast fertiger Text. Mit ein paar Retuschen ist es deshalb nur selten getan. Fast jeder Textrohling enthält unvollständige, fehlerhafte, schwammig formulierte oder argumentationsschwache Passagen – aber auch Ideenkeime, die zu verfolgen sich lohnt. Überarbeitung heißt, daß Sie sich die Stärken und Schwächen Ihres Textentwurfs bewußt machen und ihn in Gedankenführung, Sprache und Inhalt so lange verändern, bis Sie mit dem Ergebnis zufrieden sind. Deshalb sollten Sie für die Überarbeitung mindestens genauso viel Zeit einplanen wie für die Erarbeitung des ersten Entwurfs.

Kritische Distanz

Für die Überarbeitung brauchen Schreiber eine ganz andere Geisteshaltung als für die Erarbeitung des ersten Entwufs: Distanz statt Nähe, konzentrierte Anstrengung statt spielerisches Experimentieren, Unnachsichtigkeit statt Gelöstheit. Mit Beginn der Überarbeitung müssen Schreiber die Rolle wechseln: vom kühnen Schöpfer zum absolut unnachgiebigen Kritiker.

Damit dieser Rollenwechsel gelingt, müssen Sie sich freimachen von Panik (»Was, wenn der ganze Text nichts taugt?«), Trägheit (»Jetzt muß es aber genug sein – schließlich arbeite ich schon zwei Wochen an diesem Text hin!«) und von der Berauschtheit am eigenen Wort. Am besten lassen

Sie den Textrohling erst einmal liegen und wenden sich anderen Dingen zu – mindestens einen halben Tag lang, besser länger, wenn es die Zeit erlaubt. Danach gelingt es leichter, den Textrohling als »Fremdkörper« zu sehen und objektiv zu beurteilen. Je fremder Ihnen Ihr Text geworden ist, desto klarer werden Sie seine Schwächen erkennen. Der zeitliche Abstand sorgt dafür, daß der Autor selbst zum Leser wird, der den Sinn des Textes aus dem erschließen muß, was dasteht.

Überarbeiten mit System

Die Überarbeitung läßt keinen Stein auf dem anderen und umfaßt nahezu alle Aspekte eines Textes:

- die Entwicklung des Textes als Ganzes,
- die Gedankenführung der einzelnen Kapitel und Abschnitte,
- Wortwahl und Satzbau.

Worauf Sie bei der Überarbeitung Ihres Textentwurfes im einzelnen achten müssen, zeigt Ihnen die folgende Checkliste. Ein Hinweis: Es ist ausgeschlossen, alle Aspekte eines Textes gleichzeitig zu verbessern. Stellen Sie sich deshalb darauf ein, den Text mehrmals durchzugehen – und bei jedem Durchgang Ihr Augenmerk auf ein anderes Qualitätskriterium zu richten. Ausführliche Stilregeln für Wortwahl, Satzbau und einen griffigen Schreibstil finden Sie in Teil III, »Schreiben und Redigieren«.

Um dieses Qualitätsmerkmal zu erfüllen ...	... überprüfen Sie diesen Aspekt Ihres Textes
INHALT Kommunikationsziel	❏ Kommt klar zum Ausdruck, was Sie mit Ihrem Text erreichen wollen?
	❏ Sind Bitten und Wünsche an den Leser, z. B. nach Informationen, klar formuliert?

Überarbeitung: Dann prüfe, ob sich Bess'res findet

Um dieses Qualitätsmerkmal zu erfüllen ...	... überprüfen Sie diesen Aspekt Ihres Textes
Information	Wie sind die Informationen dargestellt? ❏ ... richtig und vollständig? ❏ ... ausreichend detailliert? ❏ ... für die Leser überzeugend? ❏ ... anschaulich? Oder sind zusätzliche Beispiele oder Erklärungen notwendig?
GLIEDERUNG Innere Gliederung	❏ Ist der Text logisch aufgebaut? ❏ Bauen die Informationen aufeinander auf? Oder werden Fakten vorausgesetzt, die erst später beschrieben sind? ❏ Bekommt der Leser die Informationen in nachvollziehbarer Reihenfolge? ❏ Sind die Überschriften einprägsam und aussagekräftig? ❏ Sind die Übergänge zwischen den einzelnen Kapiteln schlüssig und ohne Bruch?
Optische Gliederung	❏ Haben Sie das Drei-Ebenen-Prinzip beachtet? ❏ Ist der Text ausreichend durch Überschriften, Listen und Aufzählungen gegliedert? ❏ Ist der Text ausreichend durch Absätze untergliedert? ❏ Sind wichtige Informationen optisch hervorgehoben, zum Beispiel Termine, Merksätze oder Warnhinweise? ❏ Könnten zusätzliche Tabellen oder Grafiken den Text entlasten?
SCHREIBSTIL Absätze	❏ Steht jeder Hauptgedanke in einem eigenen Absatz? ❏ Sind die Übergänge zwischen den Absätzen schlüssig und ohne Bruch? ❏ Würde der Absatz durch Kürzen gewinnen? ❏ Würde der Absatz durch zusätzliche Informationen gewinnen? ❏ Stimmt die Absatzlänge?
Satzbau	❏ Ist die Satzlänge angemessen (15 bis 20, höchstens 30 Wörter?

Um dieses Qualitätsmerkmal zu erfüllen ...	... überprüfen Sie diesen Aspekt Ihres Textes
Satzbau	❏ Haben Sie zwischen kürzeren und längeren Sätzen abgewechselt? ❏ Stehen Hauptsachen in Hauptsätzen? ❏ Haben Sie Schachtelsätze vermieden? ❏ Wo läßt sich Passiv durch Aktiv ersetzen? ❏ Haben Sie Verneinungen vermieden?
Wortwahl	❏ Haben Sie einfache, treffende Wörter verwendet? ❏ Wo läßt sich Ballast abwerfen? ❏ Wurden Blähdeutsch und Anglizismen vermieden? ❏ Sind alle Fachwörter erklärt, die dem Leser nicht geläufig sind?

Wenn Sie häufig schreiben und Ihre Texte anhand dieser Checkliste überarbeiten, werden Ihnen die meisten der genannten Qualitätsmerkmale in Fleisch und Blut übergehen. Mit zunehmender handwerklicher Sicherheit beachten Sie einen Teil dieser Punkte wahrscheinlich schon bei der Erarbeitung.

Denken Sie daran: Mit jeder Stunde mehr, die Sie in die Überarbeitung stecken, gewinnt Ihr Text an Klarheit, Schärfe und Anschaulichkeit. Arbeit am Text ist Service am Leser.

Tips und Tricks der Textüberarbeitung

Wie alle anderen Schreibphasen folgt auch die Überarbeitung eigenen Gesetzen:

Sichern Sie den Textentwurf. Speichern Sie jede größere Überarbeitung des Textes unter einem anderen Dateinamen ab (STAND_A, STAND_B usw.). Teile einer älteren Version können sich oft Tage später als nützlich erweisen – es wäre ärgerlich, wenn sie verlorengingen.

Drucken Sie den Text aus. Damit Sie genügend Platz für Korrekturen haben, formatieren Sie den Ausdruck mit einem mindestens fünf Zentimeter breiten Rand. Falls es Ihnen schwerfällt, hinter der äußeren Perfektion des Computerausdrucks die Unfertigkeit des Textes zu sehen, drucken Sie den Text für die Überarbeitung in Courier-Schrift aus.

Überarbeiten Sie den Text auf dem Papier. Dafür sprechen zwei Gründe: Erstens ist das Lesen am Bildschirm für die Augen anstrengender als das Lesen von Papier. Das senkt unweigerlich die Bereitschaft, sich der Mühe umfangreicher Änderungen zu unterziehen. Zweitens zeigt der Bildschirm Ihnen immer nur einen sehr kleinen Textausschnitt an, und das Blättern am PC ist mehr als lästig. Beides trübt den Blick für das große Ganze. Im Ausdruck können Sie dagegen schnell feststellen, ob Sie den zweiten Absatz auf Seite 3 nicht doch besser weiter nach vorne rücken sollten.

Vertrauen Sie Ihrem Gefühl. Wenn Ihnen eine Textstelle nicht gefällt, so nehmen Sie dieses Gefühl ernst. Markieren Sie die Schwachstelle, auch wenn Ihnen vorerst noch keine bessere Alternative einfällt. Entscheidend ist, daß Sie das Problem erkennen. Eine Lösung stellt sich dann über kurz oder lang von selbst ein.

Erfassen Sie die handschriftlichen Änderungen am PC. Beschränken Sie sich nicht darauf, Ihre Änderungen mechanisch am PC einzugeben. Das könnte auch eine Schreibkraft für Sie erledigen. Nutzen Sie das Erfassen der Änderungen lieber als Chance, den Text gleich noch einmal kritisch durchzugehen. Achten Sie besonders darauf, daß sich der Text auch an den Stellen flüssig liest, an denen Sie etwas eingefügt, gelöscht oder verschoben haben.

Von der Idee zum Textprodukt

Lesen Sie sich den überarbeiteten Text laut vor. Lautes Vorlesen ist gerade für ungeübte Schreiber die sicherste Methode, geschraubte, langweilige, schwer verständliche oder banale Textstellen zu entlarven: Was holprig klingt, muß überarbeitet werden. Nebenbei finden Sie dabei viele Fehler, die Ihnen beim Durchlesen entgangen sind: Wiederholungen, Grammatikfehler, umständliche Satzkonstruktionen, ausgelassene Wörter.

Kleine Verbesserungen notieren Sie parallel; Passagen, die einer gründlichen Überarbeitung bedürfen, kennzeichnen Sie durch einen senkrechten Strich am Rand. Anschließend überarbeiten Sie den Text erneut am PC

Holen Sie Feedback ein. Wenn Sie mit dem redigierten Text im großen und ganzen zufrieden sind, ist es an der Zeit, ihn einem oder mehreren »Testlesern« in die Hand zu geben. Selbst der beste Schreiber weiß nicht sicher, wie ein Text bei seinen Lesern ankommt. Und: Viele Unstimmigkeiten oder Schwachstellen fallen ihm nicht auf, weil er zu sehr mit seinem Text und dem Thema verwachsen ist. An das Feedback der Erstleser wird sich deshalb fast immer eine letzte Überarbeitungsphase anschließen müssen.

Bitten Sie Ihre Gegenleser, Stärken und Schwächen zu kennzeichnen und mit Kommentaren und Symbolen zu versehen. Zum Beispiel so: ☺, »Gelungenes Beispiel«, »Finde ich auch!«, ☹, »Das weicht vom Thema ab!«, »Verstehe ich nicht«, »Wirklich?«, »Unklarer Bezug«, »Schachtelsatz, geht das nicht kürzer?« Auf formale Dinge wie Rechtschreibung oder Kommasetzung brauchen die Testleser vorerst nicht zu achten.

Das Wichtigste auf einen Blick

Mit dem Beginn der Überarbeitungsphase müssen Sie in die Rolle des Stilkritikers schlüpfen. Darüber hinaus brauchen Sie: Zeit, Beharrlichkeit, System und Ehrlichkeit zu sich selbst.

- Überarbeitung heißt: so lange an einem Text zu arbeiten, bis er Ihnen gefällt. Verwechseln Sie nicht Überarbeitung und Endkorrektur.
- Die Überarbeitung umfaßt nahezu alle Aspekte eines Textes: die Entwicklung des Textes als Ganzes, die Gedankenführung der einzelnen Kapitel und Abschnitte, Wortwahl und Satzbau.
- Ruft eine Passage, ein Begriff Unbehagen hervor, so vertrauen Sie Ihrem Gefühl – auch dann, wenn sich nicht gleich eine bessere Lösung findet.
- Lesen Sie sich den Text nach der ersten Überarbeitung laut vor.
- Bitten Sie einen oder mehrere Erstleser um ihre Meinung.

10

ENDKORREKTUR: DER LETZTE SCHLIFF

> Man feire nur,
> was glücklich vollendet ist.
>
> GOETHE, *Dauer im Wechsel*

Die Endkorrektur ist der letzte Schritt des Schreibprozesses. Von der Korrektheit und Fehlerfreiheit Ihrer Texte kann Ihr Ansehen und das Ihrer Firma abhängen. Die meisten Leser setzen Tipp- und Kommafehler, irreführende Verweise oder falsche Bildnumerierungen bewußt oder unbewußt mit Ineffizienz und Inkompetenz in anderen Dingen gleich. Wenn Sie möchten, daß Sie und Ihre Texte ankommen, sollten Sie die Endkorrektur deshalb nicht vernachlässigen.

Die Endkorrektur beginnt, wenn der Text sachlich und sprachlich steht. Dann ist es an der Zeit, in ein oder zwei letzten Durchgängen äußere Details wie Rechtschreibung, Zeichensetzung, korrekte Zahlen und Verweise, Satz und Layout zu perfektionieren. Ein Hinweis: Computerprogramme wie Spellchecker und Trennprogramme sind Helfer für's Grobe, können aber auf gar keinen Fall das Durchlesen, die Bearbeitung von Hand ersetzen.

Rechtschreibung

Korrekte Rechtschreibung ist ein Zeichen für Professionalität. Rechtschreib- und Tippfehler werfen ein schlechtes Licht auf Ihre Sorgfalt und Zuverlässigkeit. Bei Bewerbungen bedeuten sie fast immer das Aus.

Bevor Sie Ihren Text für die Endkorrektur ausdrucken, lassen Sie zunächst die Trennhilfe und den Spellchecker Ihres Textprogramms über den Text laufen. Die Trennhilfe verbessert die Lesbarkeit, weil sie Lücken zwischen den Worten verkleinert; die Rechtschreibhilfe beseitigt die schlimmsten Flüchtigkeitsfehler und Rechtschreibsünden: Sie setzt problemlos und zuverlässig *dei* in *die*, *inteniv* in *intensiv* und *Rythmus* in *Rhythmus* um. Wortdoppelungen werden Ihnen bei entsprechender Einstellung angezeigt.

Das Problem dabei: Mit den elektronischen Helfern schleichen sich neue Fehler ein. Je nach Güte und Einstellung liefert die automatische Silbentrennung Abenteuerliches wie *Objek-torientierung*, *Diplo-marbeit* oder *Lo-uvre*. Oder der Computer trennt völlig korrekt, aber nicht eben erhellend: *Mieter-trag* oder *Bluter-guß*. Beim Spellchecker sind es weniger die Fehlleistungen als die Versäumnisse, die zu bemäkeln sind: Bei Wortverwechslungen (*Sitzung* statt *Satzung*, *Seite* statt *Saite*, *Mutter* statt *Muster*) und falsch geschriebenen Wortzusammensetzungen wie *Software Ingenieur* oder *Anwender Tip* muß die Rechtschreibhilfe zum Beispiel passen.

Rechtschreib- und Trennhilfen können also den scharfen Blick des Autors nicht ersetzen. Drucken Sie deshalb Ihre Texte aus, und lesen Sie sie langsam Wort für Wort durch. Am besten mehrmals, mit dem Lineal als Lesehilfe. Entwickeln Sie ein Gefühl für Ihre persönlichen Rechtschreibschwächen, und bemühen Sie den DUDEN lieber einmal zu oft als einmal zu wenig. Übrigens: Zur Überprüfung der Rechtschreibung gehört auch, daß Sie auf einheitliche Schreibweisen achten. Entscheiden Sie sich: Wollen Sie *Softwareentwicklung* oder *Software-Entwicklung*, *ggf.* oder *gegebenenfalls*, *Grafik* oder *Graphik* schreiben? Möglich ist beides, innerhalb eines Textes sollten Sie aber nicht variieren.

Satzfragmente und Auslassungen

Texte, die am Computer entstanden sind, enthalten zuhauf Sätze, die zig-mal verschoben, verändert und zurechtgerückt wurden. Da kann es leicht vorkommen, daß Satzgebilde entstehen, in denen gar nichts mehr stimmt: »Die Forschung Die Aufgaben in der Forschung ist in den vergangenen Jahren immer komplizierter und komplexer geworden.« Wer mit Begeisterung dragt und dropt, cuttet und pastet, muß besonders wachsam auf Auslassungen, unmotivierte Satzfragmente und Grammatikfehler achten.

Zeichensetzung

Die deutsche Zeichensetzung ist nicht jedermanns Sache. Andererseits erschweren fehlende oder falsch gesetzte Satzzeichen das Lesen und die Verständlichkeit erheblich. Wenn Sie mit den Interpunktionsregeln auf Kriegsfuß stehen: Suchen Sie sich einen Korrekturleser, der die Zeichensetzung beherrscht. Ein Hinweis: Der DUDEN, Band 1, Die deutsche Rechtschreibung, stellt die Interpunktionsregeln ausführlich an Textbeispielen dar.

Zahlen

Vergessen Sie nicht, sämtliche Zahlen im Text kritisch zu überprüfen. Es ist schnell passiert, daß Sie Ihr Geburtsdatum im Lebenslauf aus Versehen im 19. Jahrhundert ansiedeln, oder daß sich in ein Angebot eine Null zuviel einschleicht und aus einer vierstelligen Zahl eine fünfstellige wird. Klar, davon geht die Welt nicht unter. Trotzdem wirken solche Flüchtigkeitsfehler unprofessionell.

Verweise

Achten Sie im letzten Durchgang auf die Einheitlichkeit und Korrektheit von Verweisen auf andere Textstellen. Verweisen Sie grundsätzlich auf Kapitel und Unterkapitel oder auf Seitenzahlen. Zum Beispiel so:

> Siehe Abschnitt 3.5, »Timer-Einstellungen ändern«.
>
> Weitere Beispiele finden Sie auf Seite 23.

Verweise wie *im letzten Kapitel, weiter hinten in diesem Bericht, wie eingangs erwähnt* sind in Fachtexten zu vage.

Das Wichtigste auf einen Blick

Auch wenn Sie vielleicht finden, daß es auf Äußerlichkeiten nicht so ankommt: Fehlerfreiheit ist die Visitenkarte jedes Textes; keine ungeschickte Formulierung fällt so unangenehm auf wie ein Rechtschreibfehler oder ein grammatikalischer Schnitzer.

Objekte Ihrer Aufmerksamkeit im letzten Durchgang sind deshalb:

- Rechtschreibung und Trennungen: Verlassen Sie sich lieber auf Ihren scharfen Blick als auf Spellchecker und Trennhilfe.
- Satzfragmente und Auslassungen: Texte, die am PC erarbeitet wurden, sind voll davon.
- Zeichensetzung: DUDEN und versierte Korrekturleser helfen weiter, wenn Sie nicht ganz sattelfest sind.
- Korrekte Zahlen und Verweise.

11

Typographie für Einsteiger: Das Auge liest mit

> Gutes Aussehen
> ist eine stumme Empfehlung.
>
> Publius Syrus, *Sentenzen*

Neben Inhalt und Sprache bestimmt die Optik als dritte Komponente, wie ein Text bei seinen Lesern ankommt. Seit PCs, Text- und Grafikprogramme, hochauflösende Laserdrucker und Farbdrucker zur Grundausstattung jedes Büros gehören, kommen berufliche Schreiber nicht umhin, sich zumindest ansatzweise mit Fragen der Gestaltung auseinanderzusetzen. Denn: Wenn Ihre Texte Einfluß ausüben und Wirkung zeigen sollen, müssen Sie sie auch ansprechend präsentieren.

Dabei geht es um weit mehr als den äußeren Eindruck: Schriften, Farben, Bilder und Materialien entscheiden nicht nur über die Ästhetik, sie bestimmen auch, wie sich ein Text seinen Lesern erschließt. Ein unruhiges Schriftbild, auseinandergerissene Absätze, eine Bindung, bei der man die Seiten mühsam auseinanderbiegen muß, oder graues Recycling-Papier sind eine Zumutung für den Leser. Sie verschleiern Zusammenhänge, belasten die Augen und erschweren die Informationsaufnahme.

Wie Sie mit einfachen gestalterischen Mitteln die Verständlichkeit, Lesbarkeit und Strukturiertheit Ihrer Texte verbessern, ist das Thema dieses Kapitels.

Die Schrift

Setzereien verfügen über Hunderte von Schriftarten (Fonts) für jede Gelegenheit: den teuren Bildband, das technische Handbuch, die elegante Einladung, die flippige Broschüre. Auf Ihrem PC finden Sie um die zwanzig verschiedene Schriftarten, darunter vielleicht die Hausschrift Ihrer Firma, auf jeden Fall aber die typographischen Arbeitstiere Times Roman und Helvetica.

Schrift auswählen

Schon die relativ wenigen Schriften am PC stellen eine bunte Auswahl dar: von der puristisch-modernen Avantgarde über die simple Courierschrift bis hin zu Schmuck- und Schreibschriften wie Colonna MT oder Zapf Chancery. Viele Schreiber können diesem Angebot nur schwer widerstehen und schöpfen seine Möglichkeiten voll aus. Das Problem dabei: Die Auswahl und Kombination von Schriften ist eine Kunst für sich, und nur die wenigsten beherrschen sie. Wenn Sie nicht zufällig Grafiker, Setzer oder Kommunikationsdesigner sind, sollten Sie sich deshalb auf einen oder höchstens zwei Fonts pro Text beschränken. Alles andere läßt Ihre Texte zerrissen und überladen aussehen.

Mit oder ohne Serifen? Schriftarten lassen sich grob in zwei Stilrichtungen unterteilen: Schriften mit Serifen und Schriften ohne Serifen. Als Serifen werden die kleinen Querstriche am oberen oder unteren Ende von Buchstaben bezeichnet. Times Roman und Palatino sind demnach Schriften mit Serifen, Helvetica und Avantgarde sind serifenlose Schriften.

Berufliche Schreiber müssen bei der Schriftenauswahl in erster Linie die Textlänge berücksichtigen: Für lange Texte ist eine Schrift mit Serifen als Grundschrift vorteilhaft, weil sie den Zusammenhalt der Buchstaben besser betont und das Auge auf Linie hält. Schriften ohne Serifen eignen sich vor allem für kürzere Texte wie Überschriften, Bildunterschriften und Tabellen. Ein Hinweis: Mischen Sie niemals zwei Schriften der gleichen Stilrichtung!

Grundschriftgröße festlegen

Die Schriftgröße erstreckt sich von der Oberkante eines Buchstaben mit Oberlänge (zum Beispiel »k«) bis zur Unterkante eines Buchstabens mit Unterlänge (zum Beispiel »j«) und wird in Punkt gemessen. 1 Punkt entspricht 0,375 Millimetern. Für die meisten Geschäftsunterlagen wird eine Schriftgröße von 10 bis 12 Punkt verwendet. Wenn Sie 11 Punkt für die Grundschrift wählen, können Sie nichts falsch machen. An der Grundschriftgröße orientieren sich alle anderen Schriftgrößen, die Sie in einem Text verwenden.

Für diesen Text ...	eignet sich diese Schriftgröße ...
Grundtext	10 oder 11 Punkt
Tabellen, Bildunterschriften, Bildbeschriftungen, Fußnoten, eingerückte Zitate	9 oder 10 Punkt (1 bis 2 Punkte kleiner als die Grundschrift)
Folien	18 Punkt und mehr
Überschriften	Je nach Textsorte zum Beispiel: Hauptüberschrift: 16 Punkt Unterüberschrift: 13 Punkt Zwischenüberschrift: 11 Punkt
Grundtextgröße in Prospekten, Werbedrucksachen usw.	bis 14 Punkt

Manchen Lesern fällt es schwer, Schriften zu lesen, die kleiner als 10 Punkt sind. Das ist vor allem dann der Fall, wenn Sie für den Ausdruck keinen hochauflösenden Drucker (600 x 600 dpi) verwenden. Eine kleine Schriftgröße ist deshalb nur für kurze Textstücke wie Tabellen,

Bildunterschriften, eingerückte Zitate, Fußnoten oder Bildbeschriftungen geeignet.

Zeilenbreite bestimmen

Die Zeilenbreite umfaßt idealerweise 55 bis 60 Zeichen bei einspaltigen und ungefähr 45 Zeichen bei mehrspaltigen Texten. Der Grund dafür: Zeilen mit weniger als 35 Zeichen und Zeilen mit über 60 Zeichen verlangsamen den Leseflußerheblich. Zeilen mit mehr als 60 Zeichen sind unübersichtlich; sie lassen sich kaum ohne Lineal oder den »mitlesenden« Finger als Lesehilfe erfassen. Sehr kurze Zeilen erhöhen die Zahl der zu trennenden Wörter und zerhacken Sinneinheiten.

Zählen Sie einmal aus, wie viele Zeichen Sie in eine Textzeile packen – wahrscheinlich deutlich mehr als die lesefreundlichen 55 bis 60 Buchstaben. In diesem Fall müssen Sie die Ränder verbreitern und/oder eine etwas größere Schrift wählen.

Zeilenabstand bestimmen

Für das Bestimmen des Zeilenabstands – der Luft zwischen zwei Zeilen – gelten die folgenden drei Regeln:

- Grundlage für die Ermittlung des Zeilenabstands der Grundschrift ist die Höhe der Mittellängen der Grundschrift, also zum Beispiel die Höhe des kleinen *m*.
- Bei einer Zeilenbreite von 55 Zeichen soll der optische Raum zwischen den Zeilen der Höhe der Mittellängen der verwendeten Schriftart und -größe entsprechen.
- Je größer die Zeilenbreite, umso größer der Zeilenabstand.

Sie sehen: Es ist nicht ganz einfach, den Zeilenabstand festzulegen. Am pragmatischsten ist es deshalb, Sie halten sich an den Rat des Typographen Erik Spiekermann: Probieren geht über studieren.[32] Experimentieren Sie mit unterschiedlichen Zeilenabständen, und vergleichen Sie die Probeausdrucke mit professionell gesetzten Broschüren oder Büchern. Die schlechteste Wahl sind der einfache und der 1,5fache Zeilenabstand: Im einen Fall wirkt der Text zu dunkel und dicht gedrängt, im anderen zu hell und zerrissen. Beides läßt sich schlecht lesen. Die Wahrheit liegt je nach Schriftart und Zeilenlänge irgendwo in der Mitte.

Weniger ist mehr: Auszeichnungen

Auszeichnungen wie *kursiv*, **fett**, KAPITÄLCHEN oder <u>Unterstreichungen</u> dienen dazu, einzelne Wörter oder Textpassagen vom übrigen Text abzuheben. Hervorhebungen im Grundtext können aus verschiedenen Gründen notwendig oder wünschenswert sein.

- Um den Text optisch zu strukturieren:

  Zum Thema Steuervereinfachung sind die Reformvorschläge der Wiesbadener recht radikal. Man spricht hier von drei Säulen, die vom heute undurchschaubaren System übrigbleiben sollen. Erstens *Einkommensentstehung* – darunter fallen Lohn-, Einkommens- und Körperschaftssteuer –, zweitens *Einkommensverwendung*, also Umsatzsteuer, und als dritte Säule gelten die großen *Verbrauchssteuern* wie etwa die Mineralölsteuer.

- Um dem Leser eine Lesehilfe zu geben und Worte hervorzuheben, auf denen die Betonung liegt:

  So entstehen zwangsläufig Situationen, in denen es unmöglich ist, alle bestehenden Gesetze und Verwaltungsvorschriften *zugleich* zu beachten.

- Um Worte abzuheben, über die gesprochen wird:

  Wählen Sie im Menü **Ansicht** den Menüpunkt **Gliederung**.

  Der Pythagoräische Lehrsatz $a^2 + b^2 = c^2$ bezieht sich auf ein rechtwinkliges Dreieck mit den Katheten a und b und der Hypotenuse c.

- Um Wörter zu kennzeichnen, die im Deutschen nicht unbedingt geläufig sind:
Wenn nicht das *bonum commune*, sondern erkennbar nur Sonderinteressen oder Lust an der Provokation zu klarer Sprache führen, kann keine Zukunftsdebatte gedeihen.

Anlässe für Auszeichnungen gibt es also genug. Doch Vorsicht: Auszeichnungen können ihre Wirkung nur entfalten, wenn sie sparsam eingesetzt werden. Inflationär verwendet, stören sie mehr, als sie nützen. Und: Bei den meisten Texten empfiehlt es sich, nur eine Art von Hervorhebung zu verwenden.

Diese Regeln treten allerdings außer Kraft, wenn in einem Text unterschiedliche Arten von Auszeichnungen *erforderlich* sind. Ein typisches Beispiel dafür ist dieses Buch: Es hebt sehr viele Wörter hervor – meistens in Fett- oder Kursivschrift, manchmal auch durch Kapitälchen. Das liegt daran, daß alle Wörter, über die gesprochen wird, abgesetzt werden müssen. Dazu kommen optische Gliederungshilfen wie → Spitzmarken. In vielen Beispieltexten werden überdies die kritischen Stellen in Kursivschrift hervorgehoben.

Nicht alle Auszeichnungen eignen sich für den gleichen Verwendungszweck.

Mit dieser Auszeichnung:	**... erreichen Sie diese Wirkung:**
kursiv, KAPITÄLCHEN	Dezent, ästhetisch, gute Lesbarkeit.
	Kursivschrift und Kapitälchen beeinflussen das Graubild des Textes und damit den Leserhythmus am wenigsten.
fett	Fettschrift ist die auffälligste Form der Hervorhebung; sie ist typisch für Werbung und technische Dokumentation. Außerdem eignet sich Fettschrift gut als Gliederungshilfe am Absatzanfang.

Mit dieser Auszeichnung:	... erreichen Sie diese Wirkung:
GROSSBUCHSTABEN	Großbuchstaben stehen im Grundtext wie ein grober Klotz. Das liegt daran, daß die Abwechslung von Ober- und Unterlängen fehlt. Wenn Sie Großbuchstaben trotzdem verwenden, sollten Sie sie immer um einen oder zwei Punkte verkleinern.
<u>Unterstreichen</u>	Wortzwischenräume und Unterlängen dürfen nicht mit unterstrichen werden. <u>So</u> <u>ist</u> <u>es</u> <u>richtig!</u>
Piktogramme wie ⇨, ✔, ☞	Zur Hervorhebung längerer Textpassagen wie Warnhinweisen oder Merksätzen. Für sehr formale Texte sind Piktogramme nicht geeignet.

Die optische Strukturierung

Die optische Strukturierung dient dazu, den Leser mit Hilfe von visuellen Wegweisern durch den Text zu geleiten. Überschriften, Absätze, Spitzmarken, Marginalien, Aufzählungen und Infoboxen sind die Textteile, auf die der Blick des Lesers als erstes fällt; sie unterteilen den Fließtext in übersehbare Textmengen, dienen als Suchhilfen und geben dem Leser einen Vorgeschmack auf das Kommende.

Für Schreiber, die sich mit der Strukturierung von Texten schwertun, ist ein durchdachtes System von optischen Gliederungshilfen ein Gerüst, in das sie den Fließtext »hineinschreiben«. Das setzt natürlich voraus, daß Sie sich *vor* dem Schreiben Gedanken machen, welche Möglichkeiten der optischen Strukturierung Sie nutzen wollen.

Allerdings: Ungeschickt eingesetzte optische Gliederungshilfen lassen Texte zerhackt und zerrissen wirken. Besonders bei kürzeren Texten ist es deshalb wichtig, die

Möglichkeiten der optischen Strukturierung nicht restlos auszuschöpfen. Als Faustregel gilt: Der Fließtextanteil muß größer sein als der Anteil aller optischen Strukturierungen zusammen.

Überschriften

Überschriften haben zwei Aufgaben: Sie unterteilen längere Texte und geben eine Vorschau auf das Kommende. Bei der Gestaltung von Überschriften gilt es folgendes zu bedenken:

Hierarchiestufen. Längere Texte sind meistens in zwei oder drei Hierachie-Ebenen unterteilt: Kapitel, Unterkapitel und eventuell Abschnitte. Mehr sollten es der Übersichtlichkeit halber nicht sein (siehe Kapitel 7, »Ohne Gliederung ist alles nichts«). Die unterschiedliche Wichtigkeit der Überschriften spiegelt sich im Schriftbild wider.

Gestaltungsmöglichkeiten. Abgestuft nach ihrer Wichtigkeit sollten alle Überschriften in einem Text ein ähnliches Erscheinungsbild aufweisen. Auf Nummer sicher gehen Sie, wenn Sie für die Überschriften einen größeren Schriftgrad der Grundschrift wählen und/oder eine andere Form der Auszeichnung. Eine einfache, aber wirksame Gestaltung der Überschriften könnte zum Beispiel so aussehen:

Kapitel	16 Punkt, normal
Unterkapitel	12 Punkt, normal
Abschnitt	**10 Punkt, fett**
Normaler Text	10 Punkt, normal

Ergibt sich die Bedeutung einer Überschrift aus ihrem Erscheinungsbild, können Sie in den meisten Texten auf unschöne Ordnungsziffern wie 1, 1.1, 1.1.1 verzichten.

Plazierung. Überschriften gehören gedanklich immer zum Folgetext. Das machen Sie typographisch deutlich, indem Sie vor der Überschrift mehr freien Raum lassen als danach. Als Faustregel empfiehlt es sich, vor der Überschrift eine Leerzeile der Grundschrift einzufügen, nach der Überschrift ein halbe Leerzeile. Und: Beginnen Sie bei längeren Texten wie Broschüren, Fachbüchern, juristischen Hausarbeiten oder Examensarbeiten jedes Kapitel mit einer neuen Seite.

Länge und logischer Textverlauf. Die ideale Überschrift ist kurz und bündig und paßt in eine Zeile. Wenn Sie sich trotzdem für eine zweizeilige Überschrift entscheiden, müssen Sie auf einen sinngemäßen Zeilenfall achten:

Statt:
Vorbildlicher Service: 6 Wochen
kostenlos testen

Schreiben Sie:
Vorbildlicher Service:
6 Wochen kostenlos testen

Spitzmarken

Spitzmarken sind kursiv oder fett gesetzte Hervorhebungen eines oder mehrerer Wörter am Absatzanfang.

Es gibt vier Kategorien von Symptomen, die wir bei Personen mit einer depressiven Störung vorfinden. Es handelt sich um Auffälligkeiten in der Stimmung, im Denken, in der Motivation und in den körperlichen Symptomen:
Stimmung: Die vorherrrschende Emotion ist Traurigkeit, begleitet von Weinen, Verlust der Freude an jeglicher Aktivität und Gefühlen der Ängstlichkeit, der Scham und der Schuld.
Denken: Ein niedriges Selbstwertgefühl kommt daher, daß man denkt, man sei ein Versager, eine inkompetente Person, die es verdient, die Schuld an Schwierigkeiten zu tragen. Es gibt auch einen pessimistischen Glauben an eine unbeeinflußbare, hoffnungslose Zukunft.

Motivation: Eine Lähmung des Willens setzt ein, die die Initiative und die Reaktionen hemmt. ...

Spitzmarken eignen sich dazu, Aufzählungen oder Themenwechsel zu verdeutlichen. Für berufliche Schreiber sind sie ein ausgezeichnetes und unaufwendiges Mittel der optischen Gliederung. Gesamturteil: sehr empfehlenswert!

Aufzählungen

Aufzählungen setzen Sie vom Fließtext durch ein Aufzählungszeichen wie • oder ♦ ab; Reihen- oder Schrittfolgen verdeutlichen Sie durch eine vorangestellte Zahl. Für die Gestaltung von Aufzählungen gelten die folgenden Grundregeln:

- Beschränken Sie sich nach Möglichkeit auf eine Art von Aufzählungszeichen pro Text.
- Setzen Sie Aufzählungen nicht inflationär ein. Als Faustregel gilt: Die meisten Texte müssen deutlich mehr Fließtext als Aufzählungen enthalten. Eine Ausnahme sind Bedienungsanleitungen und Anwenderdokumentationen.
- Alle Aufzählungszeichen und Absätze einer Aufzählung müssen bündig untereinander stehen. Das geht nicht mit Tabs oder Leerzeichen, sondern nur mit den entsprechenden Funktionen Ihres Textprogramms!

Marginalien

s ist Marginalien sind Randbemerkungen, die am Außenrand
:ine einer Seite plaziert werden. Sie können sie entweder wie
lar- eine Überschrift als Orientierungshilfe verwenden oder be-
⸱lie. sondere Tips und Hinweise darin unterbringen. Wenn Sie Marginalien verwenden möchten, müssen Sie das beim Einrichten der Seite berücksichtigen und am Außenrand entsprechend viel Platz lassen. Und: Marginalien müssen immer

auf einer Höhe mit der Textzeile stehen, auf die sie Bezug nehmen. Diese Anforderung wird nicht von allen Textprogrammen optimal unterstützt.

Infoboxen

Infoboxen sind umrandete Kästen, die Informationen wie Berechnungsbeispiele, Definitionen, Formeln, Checklisten, Beschreibungen von Experimenten oder Merksätze aufnehmen. Im folgenden Beispiel dient die Infobox dazu, den Begriff *Chromosom* ausführlich zu definieren. Der Vorteil dieser Darstellungsform: Weil die Definition aus dem normalen Fließtext herausgenommen ist, brauchen Leser, die genau wissen, was ein Chromosom ist, die Erklärung nicht mitzulesen.

> **!** Chromosomen sind Doppelstränge der DNS (Desoxyribonukleinsäure) in den Zellkernen. Alle normalen menschlichen Körperzellen haben 46 Chromosomen. Vor der Zellteilung verdoppeln sich die Chromosomen im Zellkern, so daß im Zuge der Zellteilung jede der beiden neuen Zellen einen kompletten identischen Chromosomensatz erhält.

Infoxboxen eignen sich sehr gut dazu, besonders Wichtiges komprimiert zusammenzufassen oder den Fließtext von interessanten, aber zu weit führenden Detailinformationen zu entlasten.

Für die Gestaltung von Infoboxen gelten die folgenden Regeln:

- Wählen Sie eine möglichst feine Linie – sonst erinnert die Umrandung leicht an eine Traueranzeige.
- Quetschen Sie den Text nicht in die Infobox, sondern lassen Sie einen großzügigen Abstand am Rand. Der Abstand oben und an den Seiten sollte etwa der Breite des *m* der Grundschrift entsprechen, der untere Abstand sollte etwas größer sein.

- Wählen Sie für den umrahmten Text eine etwas kleinere Schriftgröße und einen kleineren Zeilenabstand als für den normalen Fließtext.

Vier Möglichkeiten der Seitengestaltung

Das folgende Unterkapitel stellt vier Grundformen der Seitengestaltung vor: **Sandwich, Lift, Zwilling, Top**. Für welche Form Sie sich entscheiden, hängt vor allem von der Textart und der Anzahl der Bilder ab.

Sandwich

Das Sandwich ist das Allround-Genie der Seitengestaltung: Es paßt für alles und jedes, ohne notwendigerweise die optimale Wahl darzustellen. Sein Hauptkennzeichen: Bilder werden zwischen Textabschnitte gepreßt – daher der Name. Alternativ dazu können Sie die Bilder natürlich auch an den Seitenanfang oder das Seitenende stellen.

Dieser Layout-Typ eignet sich gut für beschreibende Texte – vom Gutachten über den Fachartikel bis hin zur Diplomarbeit. Tabellen und Grafiken jeder Größe lassen sich problemlos unterbringen. Ein möglicher Nachteil kann darin bestehen, daß eine unmittelbare Zuordnung von Text und Bild nicht möglich ist. Oft findet sich eine beschriebene Abbildung erst auf der gegenüberliegenden oder der nächsten Textseite. Der Bezug zwischen Text und Bild muß dann durch einen Verweis hergestellt werden: »Wie Sie in Abbildung 5 sehen ...«

Ein praktischer Hinweis: Im Gegensatz zu den anderen vorgestellten Formen der Seitengestaltung ist beim Sandwich immer die Gefahr gegeben, daß die Zeilen zu breit sind. Tarieren Sie Seitenränder und Schriftgröße so aus, daß die Zeilenbreite höchstens 60 Zeichen beträgt.

Lift

Das Lift-Layout unterteilt die Seite in zwei oder mehr Spalten. Es ist typisch für Zeitungstexte, eignet sich aber auch für lange Fließtexte wie Bücher, Berichte oder Aufsätze. Sein Vorteil: Bei einem großen Papierformat verbessert der Lift wegen seiner kürzeren Zeilenbreiten die Lesegeschwindigkeit. Allerdings müssen Sie Einschränkungen bei der Plazierung und der Größe von Abbildungen und Tabellen in Kauf nehmen. Sie müssen entweder über eine oder mehrere Spaltenbreiten gehen; Zwischengrößen sind nicht möglich.

Darauf müssen Sie achten: Um den Lesefluß nicht zu beeinträchtigen, muß eine Spalte mindestens 35 Zeichen aufnehmen. Und: Die Spalten müssen klar voneinander getrennt sein. Das erreichen Sie, indem Sie den Spaltenabstand so wählen, daß er der Breite der Buchstabenverbindung *mi* in der Grundschrift enspricht.

Zwilling

Das Zwilling-Layout ist bei anleitenden Texten mit vielen Bildern die erste Wahl. Weil Texte und Abbildungen einander gegenüberstehen, ist die Text-Bild-Zuordnung optimal. Für lange Fließtexte mit wenigen Bildern ist das Layout ungeeignet.

Top

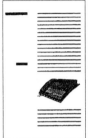

Beim Top-Layout wird die Seite in zwei verschieden breite Spalten unterteilt: die schmalere Spalte nimmt Marginalien auf, die breitere Spalte den Fließtext. Die Vorteile:

- Es ergibt sich fast automatisch eine Zeilenbreite, die den Lesefluß optimal unterstützt – auch auf DIN-A4-Seiten.
- Die Marginalien schaffen eine zusätzliche Strukturierung; der Leser kann auf einen Blick die Textteile erkennen, die für ihn relevant sind.
- Weil bei dieser Layout-Form viel weißer Raum bleibt, wirkt die Seitengestaltung großzügig und ausgewogen.
- Tabellen und Bilder lassen sich problemlos einfügen; die Zuordnung von Texten und Bildern ist allerdings auch bei diesem Layout nur durch Verweise möglich.

Wie das Sandwich-Layout eignet sich das Top-Layout für beschreibende Fachtexte aller Art. Ein Hinweis: Für Examensarbeiten vor allem im geisteswissenschaftlichen Bereich hat sich diese Layoutform noch nicht durchgesetzt und könte auf Befremden stoßen.

Trennen und Umbruch

Jede Silbentrennung, jeder Spalten- und erst recht jeder Seitenumbruch ist eine Irritation für den Leser, die es möglichst klein zu halten gilt.

Trennungen

Andererseits: Wer es versäumt zu trennen, nimmt gähnende Lücken zwischen den Wörtern beim Blocksatz und sehr unregelmäßige Kanten beim Flattersatz in Kauf, die häßlich sind und den Lesefluß verlangsamen. Im Vergleich dazu sind Trennungen allemal das kleinere Übel. Erst recht, wenn Sie die folgenden Grundregeln beachten:

- Trennen Sie möglichst nicht das letzte Wort auf einer Seite.
- Trennen Sie nie mehr als drei Wörter nacheinander. Im Notfall müssen Sie den Text verändern.
- Trennen Sie keine Einzelsilben ab. Statt *Ob-jektorientierung* zu trennen, ziehen Sie besser das ganze Wort in die Folgezeile.
- Nicht alle grammatikalisch korrekten Trennungen sind leserfreundlich:

Statt:	**Trennen Sie:**
Motivati-on	Motiva-tion
Auslandsan-teil	Auslands-anteil
Finanzpo-litik	Finanz-politik
Spargel-der	Spar-gelder
aber-kennen	ab-erkennen

Seiten- und Spaltenumbruch

Noch kritischer als der Zeilenumbruch ist der Seiten- und Spaltenumbruch. Typographische Laien machen beim Übergang von einer Seite oder Spalte zur nächsten gern den Fehler, die letzte Zeile eines Absatzes einsam am Anfang einer neuen Seite bzw. einer neuen Spalte zu plazieren. Die Setzersprache bezeichnet solche verlorenen Zeilen als »Hurenkinder«. Aber auch der umgekehrte Fall kommt vor: Die erste Zeile eines Absatzes wird am Ende einer Seite oder Spalte plaziert. Solche Zeilen heißen in der Setzersprache »Schusterjungen«.

Hurenkinder und Schusterjungen wirken nicht nur optisch unschön, sie reißen auch den Absatz als Sinneinheit auseinander. In den meisten Textprogrammen können Sie den Absatzumbruch kontrollieren: Damit erreichen Sie, daß

Schusterjungen und Hurenkinder automatisch vermieden werden.

Das Wichtigste: Die Grenzen des Do-it-yourself

Die Hinweise zu Satz und Layout in diesem Kapitel helfen Ihnen, die schlimmsten typographischen Sünden zu vermeiden und interne Dokumente und Briefe, Berichte, wissenschaftliche Arbeiten und Konzepte lesefreundlicher zu gestalten. Bei Dokumenten mit hoher Außenwirkung wie Prospekten, Geschäftsberichten oder aufwendig gemachten Büchern greift das eigene Können dagegen meist zu kurz. Um aufwendige Dokumente wirksam in Szene zu setzen, brauchen Sie das Know-how und die Kreativität eines Profis – eines Setzers, eines Grafikers oder eines Kommunikationsdesigners.

Weiterführende Literatur

Eine gut verständliche und sehr viel umfassendere Einführung in die Typographie, als es in diesem Kapitel möglich war, gibt Manfred Siemoneit in seinem Buch *Typographisches Gestalten – Regeln und Tips für die richtige Gestaltung von Drucksachen*. Das Buch ist im Polygraph Verlag erschienen und wendet sich an PC-Anwender, die sich intensiv mit Fragen der Text- und Bildgestaltung auseinandersetzen möchten.

Teil III

Schreiben und Redigieren

Was immer Du schreibst –
  schreibe kurz,
  und sie werden es lesen,
  schreibe klar,
  und sie werden es verstehen,
  schreibe bildhaft,
  und sie werden es
  im Gedächtnis behalten.

  Joseph Pulitzer

12

TREFFENDE WÖRTER:
VOM EINFACHEN DAS BESTE

> Worte, die nahe liegen,
> aber in die Ferne weisen,
> sind gute Worte.
>
> *Chinesisches Sprichwort*

In einem Punkt zumindest scheinen sich Wirtschaft, Politik und Wissenschaft einig zu sein: der unausrottbaren Liebe zu einer vermeintlich elitären Sprache, die sich aus hochtrabenden Sprachhülsen, trockenem Beamtendeutsch und überflüssigen → Anglizismen zusammensetzt. Das klingt dann etwa so:

> In der After-Sales-Phase ist die Online-Kommunikation in der Lage, den Kunden in seiner Kaufentscheidung zu bestätigen, indem ihm z.B. individualisierte Informationen zu dem von ihm bezogenen Produkt per E-Mail geliefert werden.

Oder so:

> Zur Verkürzung von Entscheidungsprozessen sowie zur Optimierung des Theorie-Praxis-Bezugs sind vertikale und horizontale Vernetzungen auf- und auszubauen mit Partnern und Einrichtungen innerhalb und außerhalb der Universität.

Wie Sie statt dessen prägnante, verständliche und unverbrauchte Worte finden, erfahren Sie in den folgenden Abschnitten.

Wörter, die niemand vermißt

Bevor Sie mehr Leben und Frische in Ihren Rohling bringen, sollten Sie erst einmal gründlich aufräumen und den Text von Bürokratendeutsch und Ballast, Blähdeutsch, Euphemismen und Anglizismen befreien. Steckbriefe der schlimmsten Widersacher des guten Stils finden Sie im folgenden.

Bürokratendeutsch

In der Auftragsbestätigung eines Einrichtungshauses, das auf klares Design und tadellosen Service setzt, heißt es:

> Wir bitten Sie *höflichst*, die Auftragsbestätigung zu prüfen und eventuelle *Unstimmigkeiten* bei uns anzuzeigen.

Bei aller Kundenfreundlichkeit – soviel servile Ergebenheit paßt weder zu der Zeit, in der wir leben, noch zur Produktpalette des Möbelgeschäfts. König Kunde würde nicht von seinem Thron stürzen, wenn er lesen würde:

> Bitte prüfen Sie die Auftragsbestätigung. Falls uns bei der Bestellung ein Fehler unterlaufen ist, rufen Sie uns an.

Ein anderes Beispiel: Im Frühjahr 1997 weist ein Golfclub seine Mitglieder an:

> Den *in Ihrem Besitz befindlichen* Ausweis *wollen Sie* bitte *der Vernichtung zuführen.*

Gemeint ist:

> Bitte vernichten Sie Ihren alten Clubausweis.

Die Liste der Wörter, die nach Amtsschimmel, Obrigkeitsstaat und Untertanengeist klingen, ist lang:

> durchführen, erfolgen, hinsichtlich, im vorstehenden, seitens, zwischenzeitlich, bis dato, Sorge tragen, in bezug auf, bezüglich, betreffs, betreffend, obliegen, erlauben wir uns, ...

Ballast

Unnützer Ballast sind Füllwörter, die Ihre Texte aufblähen und verkomplizieren, ohne zum Verständnis beizutragen.

Statt:
Diese *Art der* Vorgehens*weise* setzt *ein hohes Maß an* Flexibilität auf beiden Seiten voraus.

Schreiben Sie:
Dieses Vorgehen erfordert Flexibilität auf beiden Seiten.

In der zweiten Variante ist der Satz klarer und kürzer. Der Leser bekommt die gleiche Information in der halben Zeit. Man muß kein begnadeter Schreiber sein, um Texte zu verschlanken. Ein scharfer Blick für Überflüssiges genügt.

Füllwörter. Streichen Sie Floskeln wie *in aller Deutlichkeit, im wesentlichen, selbstverständlich, insbesondere, eigentlich, praktisch, in diesem Zusammenhang, unter anderem...*

-weise, -mäßig, -stellung. Endet ein Wort auf *-weise, -mäßig* oder *-stellung*, lassen sich fast immer Silben einsparen.

Statt:	Schreiben Sie:
Betrachtungsweise	Betrachtung
schwerpunktmäßig	vorwiegend
die Zahnärzteschaft	die Zahnärzte
Problemstellung	Problem

Art, Bereich, Rahmen. Diese Wörter sind oft ein Zeichen für Sprachballast und Blähdeutsch.

Statt:	Schreiben Sie:
prothetischer Bereich	Zahnersatz
vorschulischer Bereich	Kindergarten
zeitlicher Rahmen	verfügbare Zeit
EDV-technologischer Bereich	die EDV

Doppelungen. Auch Floskeln wie *zum Preis von 150 DM, im Monat August* oder *mit Hilfe von Farben* schleppen Fett mit sich herum: Schreiben Sie einfach: für 150 DM, im August, mit Farben.

Übung 9. Der folgende Satz hat Übergewicht. Specken Sie ihn ab.

Es existieren eine Vielzahl von mittleren bis kleinen Unternehmen, die Multimedia-Produktionen vom Konzept bis zur Marktreife betreuen.

Heiße Luft

Das läßt unser Stolz nicht zu: die Geheimnisse unseres Fachgebiets in einfachen Worten darzustellen. Schließlich hat es ein gewisses Flair, wenn man kaum verstanden wird und unnahbar bleibt. Und das Beste daran: Die meisten Leser geben nicht dem Autor, sondern sich selbst die Schuld, wenn sie sich unter der *kommunikativen Adäquatheit des eigenen sprachlich-kommunikativen Handelns* oder *Informations-, Kommunikations- und Kooperationsplattformen* nichts Rechtes vorzustellen vermögen – auch dann nicht, wenn sie den → Kontext kennen.

Sogar Verständlichkeitsforscher erliegen der Versuchung, ihre Ausführungen mit Bombast anzureichern. Der folgende Textausschnitt diskutiert, wie hoch der Schwierigkeitsgrad eines Textes sein darf, damit er bei Schülern ankommt:

Originaltext:

Eine Maximierung der Textverständlichkeit impliziert, daß für die pädagogisch-psychologische Praxis Texte herzustellen sind, die den Erwartungsstrukturen der Rezipienten praktisch völlig entsprechen. Unter motivationspsychologischer Perspektive stellen solche Texte keinen kognitiven Anreiz mehr dar, sondern führen zu einer kommunikativen Unterforderung und dürften auf Dauer sowohl hinsichtlich des Interesses für einen konkreten Inhalt als auch hinsichtlich der Lesemotivation einen destruierenden Effekt haben.

Ersetzt man den Soziologenjargon durch Wörter der Alltagssprache, wird die Sache um einiges klarer:

Statt:	**Schreiben Sie:**
impliziert	bedeutet
pädagogisch-psychologische Praxis	Unterricht
Rezipient	Schüler
stellen keinen kognitiven Anreiz dar	sind reizlos
destruierender Effekt	nachteilige Wirkung

Um den Text grundlegend zu verbessern, sind allerdings noch weitere Veränderungen notwendig:

Überarbeitete Fassung:

Die Forderung nach höchstmöglicher Textverständlichkeit würde bedeuten, daß für den Unterricht Texte geschrieben werden müssen, die den Erwartungen der Schüler nahezu entsprechen. Allerdings sind solche Texte oft sprachlich reizlos. Die Folge: Die Lesemotivation erlahmt, das Interesse für den sachlichen Inhalt des Textes sinkt.

Das ist das ganze Geheimnis: Mehr steht auch in der Originalfassung nicht drin!

Übung 10. Machen Sie Klartext aus dem folgenden Satz:

> Das Freizeitverhalten der Deutschen ist responsiv, rekreativ und passiv.

Euphemismen

Über Geld spricht man nicht, man hat es. Und falls es nicht reicht, heißt es allenfalls vornehm:

> Mit den zur Verfügung stehenden *finanziellen Mitteln* konnte nur eine Teillösung realisiert werden.

Solche beschönigenden Umschreibungen heißen Euphemismen. Wir verwenden Euphemismen, um die Wahrheit zu verschleiern oder um Unbedeutendes aufzuwerten. Weil nicht sein kann, was nicht sein darf, wird die *Müllhalde* zum *Recycling-Hof*, die *Bannmeile* zum *befriedeten Bezirk*, die *vorzeitige Verrentung* zur *Vorruhestandsregelung*. Wer ohne Nachzudenken *sozial Schwache* und *Senioren*, *Industriepark* und *Sozialpartner* schreibt, wenn es um Armut und Altwerden, die Zerfaserung der Städte und soziale Konflikte geht, serviert seinen Lesern sprachliche Schonkost.

Obwohl Euphemismen oft rücksichtsvoll gemeint sind, verstellen sie fast immer den Blick. Verwenden Sie Euphemismen deshalb wirklich nur dort, wo Takt oder politische Korrektheit es erfordern.

Fertigphrasen

Fertigphrasen sind wie Tütensuppen und Instant-Kaffee: schnell zur Hand, wenn gerade nichts Besseres im Haus ist. Wenn wir *unsere Hausaufgaben machen*, Konzepte *mit konkreten Inhalten erfüllen*, den *Schulterschluß* üben und *in aller Deutlichkeit* unsere Meinung sagen, so stehen diese Phrasen nur für die *Spitze des Eisbergs* der abgedroschenen Bilder, die unsere Sprache zur gefälligen Bedienung bereit hält. Die puristische Alternative: anstrengen, erarbeiten, zusammenhalten, klar sagen, einen kleinen Teil ausmachen.

Anglizismen

Anglizismen sind Entlehnungen aus dem Englischen. Das können eins zu eins übernommene Klassiker sein wie *Job, Jeans* oder *Hobby;* mehr oder weniger gelungene Übersetzungen wie *implementieren*, *Sinn machen* oder *Zerealien* und neudeutsche Wortschöpfungen wie *Full-Service-Leistung*, *Infoline* oder *Haarstylistin*.

Egal, was man von Anglizismen halten mag: Kein beruflicher Schreiber kommt an ihnen vorbei. Denn: In vielen Wissenschaften und Bereichen der Wirtschaft gibt es keine brauchbaren deutschen Begriffe als Alternative. Die unbefriedigende Faustregel kann deshalb nur heißen: so wenig Anglizismen wie möglich, aber so viele wie nötig. Die Grenze des Zumutbaren ist spätestens dann überschritten, wenn deutsche Wörter wie in den folgenden Beispielen nur noch als Füllmaterial fungieren:[33]

> All-in-One-Intelligenz. PC Power mit ThinkPad-Feeling.
>
> Das Internet ermöglicht eine effektive Akzeptanz-Kontrolle aller Teile einer Site über das Tracking des User-Verhaltens.

Komposita

Die deutsche Sprache läßt es zu, nach dem Muster der *Donaudampfschiffahrtskapitänswitwe* beliebig viele Wörter hintereinanderzureihen und zusammenzukleistern: *entscheidungsrelevant, Seßhaftwerdung, Telekommunikationsdienstleistungsunternehmen, Immobilienrestwertrisiko, Bootsektorvirenschutz*.

Wie Anglizismen sind Komposita ein Teil unserer Sprache geworden. Das Problem dabei: Wo Auge und Verstand ein- und zweisilbige Wörter mit einem Blick erfassen, müssen wir Silbenschleppzüge erst mühsam dechiffrieren. Gute Schreiber setzen deshalb alles daran, zusammengesetzte Wörter zu vermeiden oder zu entschärfen.

Stutzen Sie aufgeblähte Komposita zurecht. Bei näherem Hinsehen kann man viele Komposita auf ein leserfreundliches Maß zurechtstutzen:

Statt:	**Schreiben Sie:**
Eigeninitiative	Initiative
Themenbereiche	Themen
verständnissichernde Maßnahmen	Lesehilfen

Lösen Sie Komposita in Einzelwörter auf. Schreiben Sie statt *Energieverwaltungsfunktionen* lieber *Funktionen für die Energieverwaltung*. Ihre Leser werden es Ihnen danken – auch wenn Ihr Text dadurch etwas länger wird.

Fügen Sie Bindestriche ein. Wenn alle Stricke reißen, machen Sie überlange Komposita durch Bindestriche übersichtlicher:

Statt:	Schreiben Sie:
Multimediaunternehmen	Multimedia-Unternehmen
Softwareentwicklungs-ingenieur	Software-Entwicklungs-ingenieur
Nachsteuerrendite	Nachsteuer-Rendite
Personalmanagementexperte	Personalmanagement-Experte

Achtung: Neudeutsche Schreibweisen wie *Ein-/Ausgabe Kanäle* oder *SoftwareHandbuch* sind häßlich und falsch.[34]

Wörter zum Anfassen

Schopenhauer brachte es auf den Punkt: »Man gebrauche gewöhnliche Wörter und sage ungewöhnliche Dinge.« Das gerade aber fällt beruflichen Schreibern schwer: Die meisten Studenten und Experten bedienen sich einer Sprache der abstrakten Wörter und Oberbegriffe. Sie ist das pure Gegenteil dessen, was bei Lesern ankommt und Texte lebendig macht: konkreten, treffenden Wörtern.

Abstrakte Wortballons

Berufliche Schreiber haben es in der Regel mit spröden, unpersönlichen Themen zu tun. In ihren Texten kommt es oft auf peinliche Genauigkeit und klare Abgrenzung an. Das geht dem Juristen nicht anders als der Versicherungsmathematikerin.

Deshalb neigen viele berufliche Schreiber dazu, Wörter zu wählen, die alles abdecken und vieles offen lassen: (Schlag-)Worte wie *kurze Fortbildungssequenzen, Informationsdefensive, bedarfsgerechte Versorgung der Märkte, Synergieeffekte auf dem Kostensektor* oder auch nur *Innovation, Effizienz* und *Kommunikation* haben in Fachtexten Hochkonjunktur.

Das Problem dabei: Die Leser verstehen im besten Fall die einzelnen Worte – aber nicht, wovon sie handeln. Sie erfahren nicht, was getan wird, um die *Kommunikation* oder die *Effizienz* zu verbessern. Es bleibt unklar, wie die *kurzen Fortbildungssequenzen* in die Praxis umgesetzt werden sollen. Gerade weil abstrakte Begriffe allumfassend sind, sind sie gleichzeitig unscharf.

Konkrete, präzise Wörter

Konkrete Begriffe haben diesen Nachteil nicht: Sie beschreiben etwas, das wir mit einem unserer fünf Sinne erfassen können. Eine Sache ist konkret, wenn wir sie anfassen, wiegen, fotografieren, riechen, schmecken oder kaufen können: *Faxgerät, Kunstausstellung, Bill Gates, Kündigung* oder *Oktoberfest*. Konkrete Wörter haben den Vorteil, daß sie lebhafte, eindeutige Bilder beim Leser wachrufen und Aussagen wirksam »rüberbringen«.

Das gilt um so mehr, wenn Sie anstelle eines Oberbegriffs den engsten, genauesten Begriff wählen. Also:

Oberbegriff	**Enger, genauer Begriff**
Firmenwagen	3er-BMW
Süßigkeiten	Schokoladen-Osterhasen
Kommunikationstechnologie	Handy, Fax und E-Mail

Abstraktes konkretisieren

Die Werbung macht sich die Kraft einer konkreten, gegenständlichen Sprache längst zunutze. Da heißt es nicht:

> Unser Hotel bietet Ihnen einen effizienten 24-Stunden-Service.

Sondern:

> In einem Four Seasons Hotel müssen Sie noch nicht mal das Zimmer verlassen, um Ihr Sushi zu genießen.

So sieht der Leser die Szene förmlich vor sich. Und daß er nicht nur Sushi, sondern auch Pizza und Leberknödelsuppe bestellen kann – das muß man ihm nicht sagen, das denkt er sich auch so dazu. Die Sprachwissenschaft bezeichnet den Kunstgriff, eine Einzelheit stellvertretend für das Ganze zu nennen, als *pars pro toto*.

Diesen Trick können Sie auch für Fachtexte nutzen. Prüfen Sie bei jedem abstrakten Begriff, ob er sich durch konkrete Tatsachen oder Handlungen ergänzen oder ganz ersetzen läßt.

Statt:
Die *Kooperation* zwischen Außen- und Innendienst bedarf der Verbesserung.

Schreiben Sie:
Die Mitarbeiter des Außen- und Innendiensts sollten sich *einmal pro Woche zu einer Besprechung treffen.*

Weitere Anregungen liefert die folgende Liste:

Abstrakt/Allgemein	**Konkret/Besonders**
informeller Austausch	Plausch in der Cafeteria
Konformität	Anzug und Krawatte
Informationen über ferne Märkte	eine Analyse des Textilmaschinenparks in Syrien und Tips bei der Handelsvertretersuche in den Vereinigten Emiraten
Dank vielfältiger Bemühungen ...	Weil wir Sparmöglichkeiten genutzt und ein neues Vertriebssystem installiert haben ...
starke Marken	Duplo-Schokoriegel, Coca-Cola, Persil-Waschmittel

Haben Sie es gemerkt? Eine anschauliche, griffige Schreibe setzt voraus, die Dinge aus der Nähe zu betrachten und ihnen auf den Grund zu gehen. Wer das Konkrete hinter den vagen Allgemeinplätzen benennen will, muß nachdenken und ins Detail gehen. Was sich am Ende einfach liest, ist alles andere als einfach gemacht.

Übung 11. In einem in der *Süddeutschen Zeitung* veröffentlichten Leserbrief heißt es:

> Die deutsche Rentenversicherung wird nachhaltig durch steigende Rentenlaufzeiten aufgrund einer steigenden Restlebenserwartung der Rentner sowie einer Verschiebung des Beitragszahler-Rentner-Verhältnisses aufgrund der Geburtenentwicklung beeinträchtigt.

Schreiben Sie den Text so um, daß er konkret sagt, was Sache ist. Hinter der abstrakten Formulierung *steigende Rentenlaufzeiten* zum Beispiel steht die ganz konkrete Tatsache, daß die Menschen immer älter werden.

Übung 12. Veranschaulichen Sie den folgenden Satz, indem Sie ihn durch eine Beispielsituation ergänzen.

> Besonders förderlich für unser Wohlbefinden ist das Lächeln in sozialen Situationen – ...

Verben sind die besseren Wörter

Die Verwendung zu vieler unnötiger Hauptwörter in einem Text ist nicht nur ein Paradebeispiel der Komprimierung des Stils, sondern sie führt auch zu einer Erschwerung des Verständnisses. Haben Sie hier gestutzt? Und den Satz ein zweites Mal gelesen, um seinen Sinn zu verstehen? Oder sind Ihre Augen gleich zum nächsten Absatz weitergeschweift? Kein Wunder: Sie sind ein Opfer dessen geworden, was in der Fachsprache → Nominalstil heißt. Auf gut deutsch: Die vielen Hauptwörter haben Sie erschlagen

Deshalb noch einmal im Klartext: Vermeiden Sie zu viele unnötige Hauptwörter in Ihren Texten – sie erschweren das Verständnis. Verwenden Sie statt dessen lieber Verben. Denn: Verben erfüllen Ihre Texte mit Bewegung und Leben; sie sind das Rückgrat des Satzes.[35] Ideal ist es, wenn auf ein Verb zwei Hauptwörter kommen – und nicht acht wie in dem abschreckenden Beispiel im ersten Satz dieses Abschnitts. (Das schwächliche Hilfsverb *ist* zählt nicht als Verb).

»*Ungitis*« *ist heilbar*

In den meisten Fachtexte wimmelt es von Hauptwörtern, die auf *-ung*, *-heit*, *-keit* oder *-tion* enden. Oft stecken dahinter verkappte Verben:

> Zur Fristwahr*ung* genügt die rechtzeitige Absend*ung* des Widerrufs.

Zeitgemäßer und freundlicher klingt es, wenn Sie schreiben:

> Um die Frist zu wahren, brauchen Sie nur den Widerruf rechtzeitig abzusenden.

Papierverben

Jeder ordentliche Satz enthält ein Verb oder zumindest ein Hilfsverb wie *haben* oder *sein*. Allerdings ist Verb nicht gleich Verb. Neben den »guten« Verben gibt es auch Papierverben – Verben, die mehr tot als lebendig sind: *sein, haben, werden, führen, durchführen, ausmachen, erfolgen, liegen, bestehen, vorliegen, sich befinden, sich ergeben, sich erweisen, ausgehen von, es gibt, es geht um, wirken*. Ihren Anteil sollten Sie zurückfahren.

Statt:
Bei Berufsanfängern bestehen oft unklare Gehaltsvorstellungen.
Schreiben Sie:
Viele Berufsanfänger wissen nicht so recht, welches Gehalt sie fordern können.

Streckverben

Gehören Sie auch zu denen, die Konzepte *in Vorschlag bringen* und Probleme *einer Lösung zuführen*, *Maßnahmen er-*

greifen und Umstrukturierungen *in Erwägung ziehen*?[36] Kurz und knapp heißt es: vorschlagen, lösen, tun, erwägen.

Statt:
Das Seminar zeigte Wege auf, wie Person und Arbeitsmarkt auch für eine Geisteswissenschaftlerin bzw. einen Geisteswissenschaftler zur Deckung gebracht werden können.

Schreiben Sie:
Das Seminar zeigte Wege auf, wie Geisteswissenschaftler Nischen im Arbeitsmarkt finden und nutzen können.

Sie sehen: Manchmal erfordert der Kampf gegen das Streckverb eine gewisse Findigkeit. Dafür entfällt in der redigierten Variante aber auch gleich die häßliche Formulierung *Person und Arbeitsmarkt*.

Übung 13. Unterstreichen Sie im folgenden Text alle Hauptwörter, in denen sich ein Verb versteckt, und schreiben Sie ein »gutes Verb« daneben:

Die deutschen Kommunen haben erhebliche Anstrengungen unternommen, den Wandel »von der Behörde zum Dienstleistungsunternehmen« zu vollziehen, und dabei beachtliche Modernisierungserfolge erzielt. Dennoch ist der Eindruck nicht von der Hand zu weisen, daß die Reform an Schwung verloren hat – insbesondere, was die Umsetzung der vielerorts erarbeiteten Konzepte anbelangt.

Adjektive sparsam verwenden

Im deutschen Aufsatz mögen sie ihren großen Auftritt haben, in Fachtexten spielen sie eine Nebenrolle: Adjektive. Nur, wo sie der Unterscheidung (»der malaysische Aktienmarkt«) oder Wertung (»der gute Ruf«, »das riskante Vorhaben«) dienen, haben Adjektive Sinn. Ansonsten sind sie in Fachtexten unnützer Zierat.

Floskeln und Klischees

Abgelebt und damit unwirksam sind Adjektiv-Substantiv-Verbindungen, die miteinander verwachsen sind wie siamesische Zwillinge:

> einmaliges Erlebnis, dunkle Ahnung, gewaltige Schuldenlast, triftiger Grund, scharfe Kritik, breite Zustimmung, fachkundige Anleitung, gezielte Maßnahmen.

Tautologie

Eine Tautologie ist gegeben, wenn Substantiv und Adjektiv das gleiche sagen. Aber Vorsicht: Nicht alle Tautologien sind so auffällig wie der *runde Kreis* und der *weiße Schimmel*. Im Eifer des Gefechts kann es deshalb leicht passieren, daß ein Antiquitätenhändler mit *seltenen Raritäten* wirbt, ein Automobilkonzern eine *leitende Führungskraft* sucht, ein Hochschullehrer seine Forschungen in die *konkrete Praxis* umsetzen will, ein Festredner die *fundierte Fachkompetenz* der Absolventen würdigt.

Superweiche Schmusewolle

Superlative und Anhäufungen von Adjektiven klingen nach Unsachlichkeit und Eigenlob: Wendungen wie *in angenehmstem Ambiente*, *modernste Ausstattung*, *beste Qualität* oder *innovative Technologien* sind Beteuerungen des Autors, die zu beweisen wären.

Statt zu versprechen:
Ihre Vorteile: jeden Monat *wertvolle* Insidertips und *aktuelle* Infos in Ihrer Lieblingssprache.

Nennen Sie konkrete Einzelheiten. Zum Beispiel so:
Ihre Vorteile: jeden Monat vier Seiten mit Informationen über Kunst, Film und Theater – in Englisch, Französisch oder Spanisch.

Do-it-yourself-Adjektive

Neudeutsch hat sich nun auch der Adjektive bemächtigt: *EDV-technologischer* Bereich, *bedürfnisgerechte* Anlagestrategien, *strategieumsetzendes* Veränderungsprojekt. Am besten halten Sie es wie Mark Twain: »Was Adjektive angeht: Im Zweifelsfall streiche sie aus.«

Fachwörter erklären

Gegen Fremd- und Fachwörter in Texten ist nichts einzuwenden – solange sie erklärt sind. Ob und wie ausführlich ein Begriff erläutert werden muß, hängt vom Vorwissen der Leser ab. Dabei muß die Erklärung von Fachwörtern nicht immer in langatmige Definitionen ausarten. Oft reicht es, Begriffe im Vorbeigehen einzuführen oder organisch die Begriffserklärung mit dem Text zu verschmelzen.

Wortwiederholungen sind besser als ihr Ruf

In einem hatte der Deutschlehrer von einst schon recht: Wort- und Klangwiederholungen sind – in der Regel – unschön und lassen sich leicht vermeiden. Wie in diesem Beispiel:

> Die Projektinitiatoren wollen damit zu einem weiteren Modernisierungsschub beitragen, um die Reform mit neuen Impulsen ~~weiter~~ in Schwung zu halten.

Keine Frage: Das zweite *weiter* ist zuviel und muß gestrichen werden. Und auch wenn Sie dreimal hintereinander *wurde*, *aber* oder *hier* geschrieben haben, sollten Sie etwas dagegen unternehmen. Das gleiche gilt für Klangwiederholungen wie *mehr* und *Meer* oder *darstellen* und *unterstellen*.

Allerdings ist vielen Schreibern die Regel »Wechsel im Ausdruck« so sehr in Fleisch und Blut übergegangen, daß sie alles daran setzen, Wiederholungen zu vermeiden. Dabei gibt es Situationen, in denen Wortwiederholungen der Verständlichkeit und manchmal sogar der Sprachschönheit dienen.

Mut zum Original

Wenn wir ein und dieselbe Sache mehrmals benennen müssen, eine Wiederholung aber vermeiden wollen, liegt der Griff zum Synonym nahe: Dann mutiert *New York* zum *Big Apple*, der *Gewinn* zum *Profit*, die *Auswahl* zur *Selektion*, das *Bier* zum *Gerstensaft*, *IBM* zu *Big Blue* und Tasten werden nicht *gedrückt*, sondern *betätigt*.

Wird der Wechsel im Ausdruck allzu krampfhaft betrieben, so schafft das beim Leser Verwirrung. Vor allem aber läuft er dem Ringen um das treffende Wort zuwider: Ersatzworte bezeichnen zwar die gleiche Sache oder Idee, tragen aber oft eine andere → Konnotation mit sich. Das heißt:

- Das Synonym bewegt sich möglicherweise auf einer anderen Stilebene als das Original. Wenn Sie sich als Trainee bei einem Konzern wie Daimler-Chrysler oder Siemens bewerben, ist *Ihr Haus* als Synonym für *Ihr Unternehmen* angemessen, nicht aber *Ihr Betrieb*.
- Das Synonym impliziert eine unterschiedliche Einstellung. Wer einen *Job* sucht, will vielleicht einen *Arbeitsplatz*, aber vermutlich keine *Aufgabe* oder *Herausforderung*.
- Synonyme sind nicht immer präzise. Eine *Sekretärin* kann man nicht ohne weiteres durch eine *Schreibkraft* ersetzen, und ein *Manager* muß noch lange kein *Industrieführer* oder *Wirtschaftskapitän* sein – auch wenn der Thesaurus alle drei Begriffe synonym nennt.
- Synonyme drücken oft eine andere Intensität aus: »Für den Wind hat weder der liebe Gott noch irgendein Deutschlehrer ein Synonym gemacht. Ist er schwächer, heißt er *Brise*, ist er stärker, heißt er *Sturm* – aber wenn er gerade so bläst, daß alle Welt ihn ›Wind‹ nennt, dann kann er nicht anders heißen, und bliese er hundert Seiten lang.«[37]

- Im schlimmsten Fall ist ein Synonym abwertend (»der Bulle«) oder betulich (»die bessere Hälfte«).

Wer als Schreiber nicht aufpaßt, outet durch ein unglücklich gewähltes Synonym Werte, Ansichten oder Bildungslücken, die er möglicherweise besser für sich behalten hätte. Und für die Leser sind Wiederholungen des treffenden Originals weniger störend als unpassende oder gequälte Synonyme.

Vorsicht mit Verweisungen

Verweisungen wie *dieser, jene, erstes, letzteres* und *oben genannter* finden sich in Fachtexten besonders häufig, haben aber gerade dort nichts zu suchen: Erstens klingen sie nach Papierdeutsch, und zweitens behindern sie die schnelle Verarbeitung des Gelesenen. Viele Leser müssen erst einmal zurücklesen, ehe ihnen klar wird, wer genau denn *dieser* oder *jener, erstere* oder *letztere* sind.

Statt:
Die elektrische Ladung ist eine Grundgröße wie die Größen Länge, Masse und Zeit. Während der Mensch mit den *zuletzt genannten Größen* eine unmittelbare Anschauung verbindet, ist dies bei der elektrischen Ladung nicht der Fall.

Schreiben Sie besser:
Die elektrische Ladung ist eine Grundgröße wie die Größen Länge, Masse und Zeit. Während der Mensch mit *Länge, Masse und Zeit* eine unmittelbare Anschauung verbindet, ist dies bei der elektrischen Ladung nicht der Fall.

Am besten verbannen Sie die Verweisungen aus Ihrem Wortschatz – zumindest weitgehend. Eine Wortwiederholung ist fast immer das kleinere Übel. Auch der Duden läßt Wortwiederholungen in fachsprachlichen Texten ausdrücklich zu: »Hier kommt es vor allem auf den genauen Ausdruck an, so daß in vielen Fällen die Wiederholung sogar vorgeschrieben ist.«[38]

Wiederholung als Stilmittel

Hin und wieder lassen sich Wort- oder Klangwiederholungen auch als rhetorisches Mittel einsetzen. Literatur, Werbung und Journalismus machen vor, wie man mit gewollten Wiederholungen Eindringlichkeit, Rhythmus oder witzige Effekte erreicht:

> Auf einem Wahlkampf-Plakat der SPD:
> Gegen kopflose Politik hilft nur eins: neue Köpfe.
>
> Die ZEIT über Willy Brandt:
> Brandt war Parteimann und stand doch über der Partei.
>
> FRIEDRICH SCHILLER, *Die Jungfrau von Orleans*:
> Ein Schlachten war's, nicht eine Schlacht zu nennen.

Sparsam eingesetzte Wortwiederholungen können auch Fachtexte beleben, zum Beispiel in Überschriften, Lehrbüchern, Schulungs- und Präsentationsunterlagen.

Das Wichtigste auf einen Blick

Für die Wortwahl gilt das gleiche wie für die Wahl der Zutaten zu einem guten Essen: vom Einfachen das Beste!

- Steigern Sie den Anteil der Verben und der konkreten präzisen Begriffe.
- Gehen Sie mit Adjektiven, Anglizismen und Synonymen zurückhaltend um.
- Achten Sie auf klare Bezüge. Es ist immer besser, ein Schlüsselwort zu wiederholen, als in Kauf zu nehmen, daß der Leser nicht so genau weiß, wer oder was denn nun mit *sie* oder *jener* oder *die oben genannten* gemeint ist.
- Verbannen Sie Blähdeutsch und Ballast.
- Setzen Sie Wortwiederholungen sparsam als Stilmittel ein.

13

DURCHSICHTIGE SÄTZE:
ORDNUNG UND KLARHEIT

> Wenn einem Autor der Atem ausgeht,
> werden die Sätze nicht kürzer,
> sondern länger.
>
> JOHN STEINBECK

Was bei der Wortwahl Frische und Einfachheit sind, das sind für den Satzbau Ordnung und Maß. Denn: Im Gegensatz zu den angelsächsischen und romanischen Sprachen ist die deutsche Grammatik auf der Satzebene in höchstem Maß freizügig. Erlaubt ist, was gefällt, und selbst der folgende Satz ist, grammatikalisch betrachtet, völlig korrekt:

> Arbeitslosigkeit auf Grund einer mangelnden Kompatibilität von Ausbildung und beruflichen Anforderungen kann aber tendenziell durch Aktivitäten der Ausbildungsinstitutionen aufgefangen werden, wie auch der sprichwörtliche Praxisschock – so man denn einen Arbeitsplatz erhält – im Übergang vom Ausbildungs- in das Beschäftigungssystem durch entsprechende Ausbildungsstrategien reduziert werden kann.

Wie Sie ohne Satzungetüme sagen, was Sie zu sagen haben, ist das Thema der folgenden Abschnitte.

Hauptsätze bevorzugen

Daß Hauptsätze meistens verständlicher sind als komplexe Satzgebilde, versteht sich von selbst. Daß sie darüber hinaus Spannung aufbauen und Kompetenz ausstrahlen, ist vielen beruflichen Schreibern nicht so recht bewußt. Lassen Sie sich von den folgenden Beispielen überzeugen, in denen kaum einmal ein Satz mit mehr als zehn Wörtern vorkommt.

Aus der Werbung:
Der Tag geht. Johnny Walker kommt.

Die Zeitschrift ARCHITECTURAL DIGEST über Berlin:
Berlin nach der Mauer ist wie Deutschland nach dem Krieg. Seine Wunden sind sein Kapital. Alle großen Städte sind fertig. Keine hat zu bieten, was diese bietet: Bau mich, ich bin leer. Definier mich, ich bin frei. Nimm mich, ich bin pleite.

Eine Druckerei an ihre Kunden:
Anbei erhalten Sie den Korrekturabzug Ihres Druckauftrages. Bitte überprüfen Sie diesen genau. Kennzeichnen Sie Satzfehler und Änderungswünsche. Für übersehene Fehler können wir keine Haftung übernehmen.

WILLIAM ZINSSER, *On Writing Well:*
Schreiben ist harte Arbeit. Ein klarer Satz ist kein Zufall. Sehr wenige Sätze stimmen schon bei der ersten Niederschrift oder auch nur bei der dritten. Nehmen Sie das als Trost in Augenblicken der Verzweiflung. Wenn Sie finden, daß Schreiben schwer ist, so hat das einen einfachen Grund. Es ist schwer.

Unabhängig von Fachgebiet und Schreibanlaß: So schreibt nur, wer sich seiner Sache sicher ist. Denn: Um kurze Sätze schreiben zu können, muß man konkret werden. Und man muß den Mut aufbringen, die nackten Tatsachen zu nennen – unverschleiert, ohne den Nimbus diffus-komplexer Satzgebilde. Lange, verschlungene Sätze sind oft ein Zeichen dafür, daß ein Gedanke noch nicht zu Ende gedacht wurde.

Keine Regel ohne Ausnahme

Allerdings haben auch Hauptsätze ihre Tücken, besonders wenn sie in Folge auftreten. Ihre Fallstricke heißen: Amtsdeutsch, Banalität und Unhöflichkeit.

Amtsdeutsch. Eine geringe Zahl von Wörtern bietet keine Garantie gegen Umständlichkeit und Blähdeutsch:

Statt:
Wir bitten um Überbringung der Unterlagen mittels Boten.

Schreiben Sie:
Entweder: Senden Sie uns die Unterlagen bitte durch einen Boten.
Oder: Bitte senden Sie uns einen Boten mit den Unterlagen.

Monotonie und Banalität. Aneinanderreihungen kurzer Hauptsätze klingen leicht unbeholfen und naiv – besonders, wenn alle Sätze nach dem gleichen syntaktischen Muster gebaut sind. Achten Sie deshalb auf Wechsel im Satzbau.

Statt:
Der Text ist gut strukturiert. Er enthält viele Absätze. Er kommt ohne größere Umschweife auf den Punkt.

Schreiben Sie:
Der Text ist gut strukturiert: Er enthält viele Absätze und kommt ohne größere Umschweife auf den Punkt.

Unhöflichkeit. Sprachliche Verdichtung, die Begrenzung auf das Wesentliche empfinden wir oft als harsch oder unfreundlich. Aufforderungen, Kritik oder Skepsis können wir besser akzeptieren, wenn sie durch abschwächende Formulierungen gepuffert sind.

Statt kurz und knapp:
Wir waren gewöhnt, daß Sie unsere Rechnungen rein netto begleichen.

Schreiben Sie verbindlich:
Wir waren *bisher eigentlich* gewöhnt, daß Sie unsere Rechnungen rein netto begleichen.

Streng genommen ist die Formel *bisher eigentlich* Ballast. In diesem Fall aber wattiert sie die Kritik und nimmt ihr ein Stück Aggressivität.

Asthmastil. Asthmastil meint die Aneinanderreihung kurzer, teilweise unvollständiger Sätze:

> Schluß mit einsamen Entscheidungen. Gemeinsam geht es nach oben. Das ist unsere Idee einer neuen Art des Business-Banking. Mit kreativen Spezialisten, die mit Ihnen Hand in Hand arbeiten. Problemorientiert und zielgerichtet. Ob ganzheitliche Immobilienentwicklungen oder steueroptimierte Geldanlagen, zum Beispiel in Immobilienfonds. Wir wollen, daß Ihre Erfolgskurve nach oben zeigt.

Der Asthmastil hat den Vorteil, mündlich, lebendig und aktiv zu klingen. In Werbetexten und Publikumszeitschriften gehört er zum sprachlichen Alltag. Bei konservativen Schreibern und Lesern stößt er allerdings auf wenig Gegenliebe: Ein Satz, in dem das Subjekt oder Prädikat fehlt, ist nun mal kein ordentlicher deutscher Satz.

Halten Sie sich am besten an die folgende Faustregel: In formalen Texten wie Geschäftsberichten, Angeboten, Schriftsätzen oder Examensarbeiten ist der Asthmastil fehl am Platz; in Präsentationsunterlagen, Mailings, Hauszeitschriften kann er, sparsam eingesetzt, ein wirkungsvolles Stilmittel sein.

Zusammenlassen, was zusammengehört

Die Wissenschaft weiß heute, daß das Kurzzeitgedächtnis gerade einmal einen Zeitraum von drei Sekunden speichern kann; in dieser Zeit liest der mäßig interessierte Durchschnittsleser statistisch gesehen sechs Wörter oder zwölf Silben.[39] Soviel können wir uns auf einmal merken, ohne den Bezug zum vorher Gelesenen zu verlieren. Längere Einschübe zwischen zwei Satzgliedern dagegen sprengen unsere Aufnahmekapazität. Schauen Sie sich das folgende Beispiel an:

> *27 Prozent der* im ersten Halbjahr 1994 in den Printmedien *angebotenen Stellen* richteten sich an Führungskräfte.

Rechnet man die Jahreszahl mit, so müssen wir 23 Silben überbrücken, ehe wir endlich erfahren, worum es in diesem Satz geht: Stellenangebote an Führungskräfte nämlich. Den exakten Prozentsatz haben viele Leser bis dahin schon wieder vergessen. Den Bezug zwischen *27 Prozent* und *angebotene Stellen* können sie nur noch durch Zurücklesen herstellen.

Anders als verheiratete Paare an der Festtafel werden Wörter, die grammatikalisch oder logisch zusammengehören, deshalb nicht voneinander getrennt – und wenn doch, dann so, daß sie sich in Sichtweite zueinander befinden. Diese Regel betrifft:

- Hauptsätze – Sie dürfen nicht durch eingeschobene Nebensätze auseinandergerissen werden;
- die Bestandteile des Verbs;
- Subjekt und Prädikat;
- Artikel und Substantiv.

Eingeschobene Nebensätze vermeiden

Schon ein einziger eingeschobener Nebensatz macht einen Satz zum Schachtelsatz. Und das mit Recht: Zwischensätze im Hauptsatz sind so störend wie Zwischenfragen während eines Vortrags. Schieben Sie deshalb eingeschobene Nebensätze immer an das Satzende.

Statt:
Der Anreiz, nach legalen oder illegalen Steuerschlupflöchern zu suchen, darf gar nicht erst entstehen.

Schreiben Sie:
Es darf erst gar kein Anreiz entstehen, nach Steuerschlupflöchern zu suchen – weder legalen noch illegalen.

Nicht immer läßt sich der Nebensatz einfach hinten anhängen. Dann müssen Sie den Hauptsatz umbauen.

Statt:
Saubere Schrifttypen und ordentliches Papier sowie eine optische Gliederung, die den Blick auf das Wesentliche lenkt und das Lesen erleichtert, sind die wichtigsten Kriterien.

Schreiben Sie:
Die wichtigsten Kriterien sind: saubere Schrifttypen, ordentliches Papier und eine optische Gliederung, die den Blick auf das Wesentliche lenkt und das Lesen erleichtert.

Die Bestandteile des Verbs zusammenrücken

Im Deutschen bestehen Verben in zwei von drei Fällen aus zwei Hälften:

- bei zusammengesetzten Verben: er ruft ... an, es ... sieht aus;
- bei allen zusammengesetzten Zeiten: man hat ... nachgewiesen, es wird ... gespeichert;
- in Verbindung mit Modalverben wie *müssen*, *sollen* oder *können*: Sie sollten ... vermeiden.

Die Grammatik erlaubt, daß wir zwischen die beiden Hälften des Verbs Informationen in beliebiger Länge einfügen – viel mehr als sechs Worte oder zwölf Silben. Sehen Sie selbst:

Heute *kann* sich jeder Bank- und Sparkassenkunde von jedem Ort in der Bundesrepublik via Modem die Informationen ins Arbeitszimmer *holen*, die er benötigt, um bestimmte Finanzdienstleistungen selbst zu tätigen.

Die beiden Hälften des Verbs sind durch 17 Wörter getrennt. Weil sich das Verb in diesem Beispiel nicht einfach nach vorne ziehen läßt, hilft nur ein radikaler Umbau:

Jeder Bank- und Sparkassenkunde hat heute die Möglichkeit, bestimmte Finanzdienstleistungen selbst zu erledigen. Die Informationen dafür holt er sich via Modem ins Arbeitszimmer – von jedem Ort in der Bundesrepublik.

Zugegeben: Die verbesserte Lesefreundlichkeit verlangt hier einen hohen Aufwand. In anderen Fällen läßt sich die gleiche Wirkung einfacher erreichen: indem man nämlich die nachhinkende zweite Verbhälfte ohne große Umstände nach vorne zieht.

Statt:
Die hohe Leistung dieser Prozessoren *wurde* jedoch durch einen Verzicht auf Kompatibilität zu früheren Systemen *erkauft*. (21 Silben)

Schreiben Sie:
Die hohe Leistung dieser Prozessoren *wurde* jedoch *erkauft* durch einen Verzicht auf Kompatibilität zu früheren Systemen. (zwei Silben)

Viele Schreiber halten diese verständlichkeitsfördernde Form für falsch. Zu Unrecht: Das Vorziehen der zweiten Verbhälfte ist nicht nur grammatikalisch zulässig, sondern in der Literatur gang und gäbe: »Es war jetzt lebendig geworden auf der Straße«, schreibt Thomas Mann in *Der kleine Herr Friedemann* und rückt die Ortsangabe an das Satzende. Bei Max Frisch in *Mein Name sei Gantenbein* heißt es: »Ich probiere Geschichten an wie Kleider.« Und nicht: »Ich probiere Geschichten wie Kleider an.«

Manchmal hilft es auch, ein zusammengesetztes Verb durch ein einfaches zu ersetzen:

Statt:
Abbildung 15 *stellt* die Schritte des Adressierungsvorgangs für einen zweifach assoziativen Cache *dar*.

Schreiben Sie:
Abbildung 15 *zeigt* die Schritte des Adressierungsvorgangs für einen zweifach assoziativen Cache.

Subjekt und Prädikat zusammenrücken

Subjekt und Prädikat bilden zusammen das Rückgrat des Satzes und liefern die wichtigsten Informationen für den

Leser. Schon aus diesem Grund empfiehlt es sich, beide frühzeitig und möglichst unmittelbar nacheinander zu nennen. Übrigens: In den angelsächsischen und romanischen Sprachen verlangt das vernünftigerweise die grammatikalische Korrektheit.

Originalfassung: Die *Tatsache*, daß die Mitgliedsstaaten der Völkerrechtsgemeinschaften zunehmend auf Generalklauseln und unbestimmte Begriffe zurückgreifen, *macht es erforderlich*, Maßstäbe für die Dichte der Kontrolle auch der internationalen Gerichte zu entwickeln.

34 lange Silben – fast dreimal so viel wie erlaubt – dauert es, bis wir wissen, daß etwas erforderlich ist. Auch hier hilft nur eine Radikalkur:

Überarbeitete Fassung: Die Mitgliedsstaaten der Völkerrechtsgemeinschaften greifen immer öfter zurück auf Generalklauseln und unbestimmte Begriffe. Deshalb ist es notwendig, Maßstäbe für die Dichte der Kontrolle auch der internationalen Gerichte zu entwickeln.

Artikel und Substantiv

Der Platz zwischen Artikel und Substantiv ist eine weitere Nische im Satz, in die sich Informationen beliebiger Länge stopfen lassen. Geschieht das, wie im folgenden Beispiel, gleich zweimal hintereinander, versteht selbst der intelligenteste Leser nur noch Bahnhof.

Der Unternehmer kann aber nicht gezwungen werden, *einen* aus sachlichen Gründen nur für eine befristete Beschäftigung vorgesehenen *Arbeitsplatz* in einem anderen Betrieb des Unternehmens *dem* durch eine Betriebsschließung vom Verlust seines Arbeitsplatzes betroffenen *Arbeitnehmer* auf unbestimmte Zeit zur Verfügung zu stellen. (Das Bundesarbeitsgericht in einem Urteil vom 25. April 1996, 2 AZR 609/95)

Der Platz zwischen Artikel und Substantiv ist keine Rumpelkammer. Aber wohin dann mit all den Informationen, die bisher dort eingeklemmt wurden? Zwei Möglichkeiten bieten sich an:

- Die eingeklemmte Information kommt in einen Relativsatz:

  ein Arbeitnehmer, der seinen Arbeitsplatz wegen einer Betriebsschließung verliert

- Der eingeklemmten Information wird ein Hauptsatz zugestanden.

Statt:
Der von der Arbeitsgruppe »Umgestaltung des gemeindlichen Haushalts- und Rechnungswesens und des Gemeindewirtschaftsrechts« beim Innenministerium vorgelegte Erste Bericht vom 15. 2. 1993 stellte die konzeptionellen Grundüberlegungen für die weitere Reformarbeit wie folgt dar: ...

Schreiben Sie:
Die Arbeitsgruppe »Umgestaltung des gemeindlichen Haushalts- und Rechnungswesens und des Gemeindewirtschaftsrechts« hat ihren Ersten Bericht vom 15. 2. 1993 beim Innenministerium vorgelegt. Darin sind die konzeptionellen Überlegungen für die weitere Reformarbeit wie folgt dargelegt: ...

Vorreiter streichen

Wahrscheinlich haben Sie mittlerweile gemerkt, daß wichtige Informationen am besten im Hauptsatz zur Geltung kommen. Viele Schreiber verschenken die Aussagekraft des Hauptsatzes für einleitende Formulierungen wie »Es ist offensichtlich, daß ...« oder »Die Idee dabei ist, ...«. Die offensichtliche Tatsache, die eigentliche Idee verbannen sie in den Nebensatz.

> *Leider ist es so*, daß im Rahmen von Impfstrategien gegen Krankheiten oft der Zweck die Mittel heiligt und durchaus wesentliche Tatsachen dabei untergehen.

Sätze mit Vorreitern sind aus mehreren Gründen ärgerlich.[40] Erstens leidet die Verständlichkeit: Ein Hauptsatz liest sich nun einmal leichter als ein Nebensatz mit seinem nachhinkenden Verb. Zweitens fehlt Sätzen mit Vorreitern die Balance: Der Hauptsatz ist auf ein Minimum zusammengeschrumpft, der Nebensatz hat Überlänge. Drittens, und das ist das Hauptproblem, verliert der Leser das Interesse, wenn sich der Hauptsatz, der wichtigste Informationsträger, im Nichts verliert und erst der Nebensatz die Auflösung bringt. Es ist nicht schwer, einleitende Hauptsätze zu vermeiden:

- Ersetzen Sie den Vorreiter durch ein → Umstandswort.

Statt: **Schreiben Sie:**
Leider ist es so   leider
Es hat den Anschein, daß   anscheinend
Es besteht kein Zweifel, daß   zweifellos
Es ist offensichtlich, daß   offensichtlich

- Oder: Verwandeln Sie den Nebensatz in einen Hauptsatz, zum Beispiel mit Hilfe eines Doppelpunkts.

Statt:
Daraus folgt, daß der finanzwirtschaftliche Status dieses Systems nachhaltig durch die Massenarbeitslosigkeit, eine Erosion des Versicherungskreises, steigende Rentenlaufzeiten aufgrund einer steigenden Lebenserwartung der Rentner sowie durch eine Verschiebung des Beitragszahler-Rentner-Verhältnisses aufgrund der Geburtenentwicklung beeinträchtigt wird beziehungsweise werden kann.

Schreiben Sie:
Als Folge dieser Entwicklung wird der finanzwirtschaftliche Status dieses Systems nachhaltig beeinträchtigt: durch die Massenarbeitslosigkeit, eine Erosion des Versicherungskreises, steigende Rentenlaufzeiten aufgrund einer steigenden Lebenserwartung der Rentner sowie eine Verschiebung des Beitragszahler-Rentner-Verhältnisses aufgrund der Geburtenentwicklung.

Übung 14. Entfernen Sie im folgenden Text den Vorreiter.

Manche Ärzte vermitteln dem Patienten das Gefühl, er würde seine Schwierigkeiten überbewerten. Es kommt leicht vor, daß bei einem Patienten der Eindruck entsteht, daß er sich sein Problem nur einbildet: Schließlich sind alle Tests negativ verlaufen.

Aktiv ist besser als Passiv

Was des Schreibers Freud ist, ist des Lesers Leid: Gemeint ist das Passiv, die Leideform, die die handelnde Person versteckt und vielen Fachbüchern und Geschäftsbriefen auch noch den letzten Rest Lebendigkeit nimmt. Dabei kostet es kaum Mühe, einen Teil der Passivsätze in Aktivsätze umzuwandeln. Die folgenden Beispiele liefern den Beweis:

Statt:
Zur Zeit werden 83 Prozent des Welt-Primär-Energieverbrauchs von nur 25 Prozent der Weltbevölkerung beansprucht.

Nennen Sie klar und deutlich die Verantwortlichen:
Heute beanspruchen 25 Prozent der Weltbevölkerung 83 Prozent des Welt-Primär-Energieverbrauchs.

Statt:
Der Zugang zum Internet wird kontinuierlich günstiger. Schon heute *werden* von Anbietern wie z.B. Cityweb lediglich Preise von 6,– DM im Monat *berechnet*.

Schreiben Sie:
Der Zugang zum Internet wird immer günstiger. Schon heute berechnen Anbieter wie Cityweb nur 6,– DM im Monat.

Ein Hinweis: Sprachlicher Ballast wurde hier gleich mitentfernt!

Statt:
Einkäufe werden überwiegend im regionalen Umfeld getätigt.

Schreiben Sie:
Die meisten Menschen kaufen am liebsten in der Region ein.

Alle drei Beispiele haben durch die Umwandlung vom Passiv in das Aktiv gewonnen: an Kürze und Verständlichkeit, aber auch an Ehrlichkeit und Freundlichkeit.

Ausnahmen bestätigen die Regel

Neben den vielen Fällen, in denen das Aktiv die bessere Wahl darstellt, gibt es Ausnahmen, in denen das Passiv zulässig ist:

- Wenn tatsächlich jemandem ein Leid zugefügt wird:

  500 Mitarbeiter wurden entlassen.

- Wenn die handelnde Person oder der Auslöser nicht interessieren oder nicht bekannt sind:

  Die Begleitdisketten werden im MS-DOS-Format geliefert.

- Wenn es unüblich ist, *ich* oder *wir* zu schreiben, zum Beispiel in wissenschaftlichen Aufsätzen oder Examensarbeiten. Aber: Auch in theoretischen Texten läßt sich der Anteil der Passivsätze verringern.

Statt:
Diese Einführung in die Prozeßdatenverarbeitung wurde für Studenten der Informatik konzipiert.

Schreiben Sie:
Diese Einführung in die Prozeßdatenverarbeitung wendet sich an Studenten der Informatik.

Sag nicht nein, wenn du ja sagen kannst

Jedes unnötige *nicht* oder *kein* verlangsamt die Lesegeschwindigkeit. Deshalb gehört es zu den Grundregeln des Schreibens, Aussagen positiv und direkt zu formulieren.

Statt:
In solchen Fällen rate ich Patienten, möglichst keine wichtigen Entscheidungen zu treffen, solange sie deprimiert sind.

Schreiben Sie:
In solchen Fällen rate ich Patienten, mit wichtigen Entscheidungen zu warten, bis die Depressionen abgeklungen sind.

Richtig unverständlich wird es, wenn in einem Satz zwei Verneinungen vorkommen. So wie in dem folgenden Textausschnitt aus einem Buch über kreatives Schreiben:

> Sie sollten die fast unleserliche Schrift der ungewohnten Schreibhand mit Ihrer gewohnten Schreibhand sofort in Schönschrift übertragen, damit Sie nicht den Sinn des Geschriebenen nicht mehr entziffern können.

Übung 15. Formulieren Sie den folgenden Satz so um, daß Sie ohne Verneinung auskommen.

> Achten Sie darauf, daß sich in dem Raum keine brennbaren Flüssigkeiten befinden.

Nach Parallelen suchen

In allen Kunstformen spielen Ordnungsprinzipien eine wichtige Rolle. Was dem Maler die Diagonale oder dem Komponisten die Sonatenhauptsatzform ist, ist dem Schreiber der Parallelismus: der inhaltlich und grammatikalisch gleichmäßige Bau von Satzgliedern oder Sätzen.

> Ich *kam, sah, siegte.*
> (Inschrift zu Cäsars Triumphzug nach dem Sieg über die Gallier)
>
> Warum schreibe ich? Ich möchte antworten: *aus Trieb, aus Spieltrieb, aus Lust.* (Max Frisch)

Während die meisten anderen stilistischen Formen der Literatur vorbehalten bleiben, sollte der Parallelismus zum

Handwerkszeug auch beruflicher Schreiber gehören. Denn: Parallelismen verleihen der Satzstruktur Rhythmus und Eindringlichkeit, verbessern den Lesefluß und lassen Texte geschliffen wirken.

Statt:
Ehrgeizige Manager übernehmen häufig Aufgaben, für die es ihnen an Erfahrung und Reife fehlt – teils aus Unbekümmertheit, teils weil sie Angst haben, bei der nächsten Beförderungswelle übergangen zu werden.

Schreiben Sie:
Ehrgeizige Manager übernehmen häufig Aufgaben, für die es ihnen an Erfahrung und Reife fehlt – *teils aus Unbekümmertheit, teils aus Angst,* bei der nächsten Beförderungswelle übergangen zu werden.

Statt:
Diät und Bewegung sind für SAD-Patienten ein wichtiges Thema, nicht nur weil sie die Stimmung günstig beeinflussen, sondern auch wegen ihrer Wirkung auf das körperliche Wohlbefinden.

Schreiben Sie:
Diät und Bewegung sind für SAD-Patienten ein wichtiges Thema: Sie *heben die Stimmung* und *verbessern das körperliche Wohlbefinden.*

Übung 16. Der folgende Satz liest sich sperrig. Setzen Sie Parallelismus ein, um seinen Klang zu verbessern.

Immer mehr Bauherren entscheiden sich für ein Wohnblockhaus aus Kanada. Gründe dafür gibt es genug, wobei die hervorragenden Hölzer wie Rotzeder und Weißkiefer, die hohe Wärmedämmung der 190 Millimeter starken Blockwände sowie der Wunsch, gesund zu leben und alles dennoch zum erschwinglichen Preis, besonders zu erwähnen sind.

Und sag es klar und angenehm, was erstens, zweitens, drittens käm'

Wilhelm Busch hat recht mit seiner Forderung: Gleichartige Informationen reihen Sie am besten auf wie Perlen an einer Schnur.

- Nennen Sie mehrere Aufzählungspunkte nacheinander, nicht durcheinander.
- Verwenden Sie gleichartige grammatikalische Strukturen.
- Verwenden Sie korrespondierende Verbindungswörter.

Statt:	**Schreiben Sie:**
erstens A – darüber hinaus B – schließlich C	erstens A – zweitens B – drittens C
zum einen A – andererseits B	zum einen A – zum anderen B
neben A auch B	A und B

Wie diese kleinen Veränderungen den Satzrhythmus, die Verständlichkeit und den Lesefluß verbessern, beweist das folgende Beispiel:

Statt:
Das bedeutet *zum einen*, das wechselseitige Lernen zwischen Entwicklern und Anwendern methodisch aufzugreifen, *zum anderen*, den Veränderungen im technischen und im Einsatzkontext Rechnung zu tragen, und *letztlich*, die durch den Einsatz des Systems sich neu ergebenden Anforderungen zu berücksichtigen.

Schreiben Sie:
Das bedeutet: Wir müssen erstens das wechselseitige Lernen zwischen Entwicklern und Anwendern methodisch aufgreifen, zweitens den Veränderungen im technischen und im Einsatzkontext Rechnung tragen, und drittens die Anforderungen berücksichtigen, die sich durch den Einsatz des Systems neu ergeben.

Das erste Ereignis vor dem zweiten nennen

»Erst kommt das Fressen, dann die Moral«, heißt es bei Bertolt Brecht. Und nicht etwa: »Moralische Werthaltungen können erst entstehen, wenn die elementaren Grundbedürfnisse erfüllt sind.« Zweierlei können berufliche Schreiber daraus lernen: Erstens, konkrete Wörter sind kraftvoller als abstrakte. Zweitens, und damit sind wir beim Thema dieses Abschnitts: Chronologische Informationen schreibt man logischerweise in der Reihenfolge nieder, in der sie sich ereignen. Im Klartext: Nennen Sie erst das erste Ereignis und dann das zweite.

Statt: Der schreibende Prozessor sendet, bevor er den Block ändert, ein entsprechendes Signal über den Bus.

Schreiben Sie: Der schreibende Prozessor sendet ein entsprechendes Signal über den Bus und ändert dann den Block.

Übung 17. Formulieren Sie den folgenden Satz so um, daß er den zeitlichen Ablauf widerspiegelt.

Tatsächlich haben sich einige Patienten das Leben genommen, die selektive Serotonin-Wiederaufnahme-Hemmer geschluckt haben.

Der lange Weg zu klaren Sätzen: Ein Fallbeispiel

Für Ludwig Reiners darf ein verständlicher Satz höchstens 25 Wörter haben; die Nachrichtenagentur dpa legt die Grenze des Erwünschten mit 20 Wörtern fest, die des Erlaubten mit 30. (Dieser letzte Satz liegt mit 28 Wörtern gerade noch im Bereich des Vertretbaren!) Wie verständlich ein Satz ist, hängt aber nicht nur von seiner Länge, sondern vor allem von seiner Komplexität ab: den Nebensätzen, Einschüben, Verschachtelungen und der Wortstellung. Wie

Sie Transparenz in überlange, komplexe Sätze bringen, führt der folgende Abschnitt am Beispiel des Satzungetüms vor, das Sie aus der Einleitung zu diesem Kapitel kennen:

> Arbeitslosigkeit auf Grund einer mangelnden Kompatibilität von Ausbildung und beruflichen Anforderungen kann aber tendenziell durch Aktivitäten der Ausbildungsinstitutionen aufgefangen werden, wie auch der sprichwörtliche Praxisschock – so man denn einen Arbeitsplatz erhält – im Übergang vom Ausbildungs- in das Beschäftigungssystem durch entsprechende Ausbildungsstrategien reduziert werden kann.

1. Schritt: Wortebene überarbeiten

Als erstes prüfen Sie, ob Vereinfachungen auf der Wortebene möglich sind:

Arbeitslosigkeit ~~auf Grund~~ einer mangelnden ~~Kompatibilität~~ von Ausbildung und beruflichen Anforderungen kann aber ~~tendenziell~~ durch Aktivitäten der ~~Ausbildungsinstitutionen~~ aufgefangen werden, wie auch der ~~sprichwörtliche~~ Praxisschock – so man denn einen Arbeitsplatz erhält – ~~im Übergang vom Ausbildungs- in das Beschäftigungssystem~~ durch ~~entsprechende Ausbildungsstrategien~~ reduziert werden kann.

⟼ wegen
⟼ Entsprechung
⟼ Schulen und Universitäten
⟼ beim Eintritt in den Beruf
⟼ geeignete Kurse und Schulungen

Der Text lautet nach diesem Durchgang:

> Arbeitslosigkeit wegen einer mangelnden Übereinstimmung der Ausbildungsinhalte und beruflichen Anforderungen kann durch Aktivitäten von Schulen und Universitäten aufgefangen werden, wie auch der Praxisschock – so man einen Arbeitsplatz erhält – durch geeignete Kurse und Schulungen beim Eintritt in den Beruf reduziert werden kann.

Das liest sich zwar nicht schöner als vorher, die Vereinfachungen auf der Wortebene bringen aber immerhin etwas Licht in das Dunkel.

2. Schritt: *Schachtelsatz zerschlagen*

Nach dem ersten Durchgang hat der Satz noch immer 41 Wörter. Als nächstes zerschlagen Sie deshalb den Schachtelsatz. Gleichzeitig beseitigen Sie die beiden Passiv-Konstruktionen:

> Ein Grund für Arbeitslosigkeit ist die fehlende Übereinstimmung zwischen Ausbildungsinhalten und beruflichen Anforderungen. *Hier* sind die Schulen und Universitäten gefragt, *aktiv zu werden*. Ein zweites Problem ist der Praxisschock nach dem Eintritt in den Beruf. Auch er läßt sich durch geeignete Kurse und Schulungen reduzieren.

Sieht man von den beiden kursiv gesetzten kleinen Schönheitsfehlern einmal ab, ist die Aussage nun schon recht verständlich. Der Text hat sowohl auf der Wort- als auch auf der Satzebene gewonnen.

3. Schritt: *Zusammenhänge verdeutlichen*

Nach der zweiten Überarbeitung wissen wir: Zwei Gründe können schuld sein an der Arbeitslosigkeit. Erstens die fehlende Entsprechung von Ausbildung und beruflichen Anforderungen und zweitens der Praxisschock. Beides läßt sich durch geeignete Schulungsangebote auffangen. Darüber hinaus läßt sich aus dem Kontext entnehmen, daß es um die Probleme von Berufsanfängern geht, nicht um die von Vorruheständlern oder Langzeitarbeitslosen. Im letzten Versuch können wir deshalb konkret werden:

> Zwei Gründe können schuld sein, wenn jungen Menschen der Eintritt ins Berufsleben nicht gelingt: Stimmen Ausbildungsinhalte und berufliche Anforderungen nicht überein, droht die

Arbeitslosigkeit. Findet der Absolvent einen Arbeitsplatz, kann der Praxisschock zum Problem werden. Abhilfe schaffen Lehrangebote der Schulen und Universitäten, aber auch Weiterbildungsprogramme der Unternehmen.

Aus einem Satz sind vier geworden; die Aussage ist auf Anhieb verständlich, ohne daß Informationen auf der Strecke geblieben wären. Ein weiteres Plus: Wo vorher von *Ausbildungsinstitutionen, Aktivitäten* und *Ausbildungsstrategien* die Rede war, werden nun die Betroffenen (junge Menschen, Absolventen), die Verantwortlichen (Schulen, Universitäten, Unternehmen) und die möglichen Lösungen (Weiterbildungsprogramme) beim Namen genannt. Fazit: Seriosität und Kompetenz läßt sich auch ohne Blähdeutsch und waghalsige Satzkonstruktionen erreichen.

Das Wichtigste auf einen Blick

Beim Satzbau kommt es vor allem auf Übersichtlichkeit und Struktur an:

- Achten Sie darauf, daß die meisten Sätze im Text höchstens 20 Wörter umfassen.
- Hauptsätze sind besonders verständlich und einprägsam. Gezielt eingesetzt, strahlen sie Kompetenz und Knowhow aus.
- Lassen Sie zusammen, was zusammengehört: den Hauptsatz, die Bestandteile des Verbs, Subjekt und Prädikat, Artikel und Substantiv. Einschübe sollten in Fachtexten höchstens zwölf Silben oder sechs Wörter lang sein.
- Vermeiden Sie Vorreiter.

Statt:	**Schreiben Sie:**
Es kommt darauf an, daß ...	Wir müssen ...
Daraus folgt, daß...	Die Folge: ...
Es besteht kein Zweifel, daß...	Zweifellos ...

- Reduzieren Sie den Anteil der Passivsätze im Text. Nennen Sie die handelnde Person, den Auslöser, die Verantwortlichen am Satzanfang.
- Wählen Sie für Aneinanderreihungen und chronologische Ereignisse die simpelste aller Reihenfolgen: Nennen Sie erst einen Gedanken, dann den zweiten.
- Formulieren Sie Sätze positiv und direkt. Verneinungen verlangsamen die Lesegeschwindigkeit.
- Geben Sie Ihren Sätzen Rhythmus und Struktur durch Parallelismus.

14

ÜBUNG MACHT DEN MEISTER

> Eine Verbesserung erfindet nur der,
> welcher zu fühlen weiß:
> »Dies ist nicht gut.«
>
> FRIEDRICH NIETZSCHE,
> *Die fröhliche Wissenschaft*

Die folgenden Sätze enthalten Fehler auf der Wort- und der Satzebene. Manche sind unnötig lang, sperrig oder schwer verständlich; andere verbreiten ganz einfach heiße Luft. Unterstreichen Sie die Stellen, die Ihnen problematisch erscheinen, und formulieren Sie die Sätze neu. Achten Sie dabei auf konkrete, verständliche Wörter und transparente Satzstrukturen. Ein Hinweis: Die erste Überarbeitung liefert nur selten die optimale Lösung. Sie lernen am meisten, wenn Sie die Beispiele mehrmals überarbeiten – so lange, bis Ihnen Ihre Lösung wirklich gefällt.

1 Das zentrale Ziel des Programms ist es, daß jeder Wissenschaftler und Techniker, der in Deutschland arbeitet, von seinem Computer aus optimalen Zugang zu den weltweit vorhandenen elektronischen und multimedialen Volltext-, Literaturhinweis- und Softwareinformationen erhält.
2 Die Umsetzung von Forschungsergebnissen, aber auch der Ergebnisse von Marktexplorationen in innovative Produkte, muß künftig viel schneller erfolgen.
3 Hierbei sind als die wichtigsten Bereiche Auftragsbearbeitung, Bestandsmanagement, Produktionsplanung, Fertigungssteuerung, Materialwirtschaft, Lagerung, Kommissionierung, interne Transport- und Fördersysteme, Verpackung, Entsorgung etc. zu benennen.

4 Da ER-Diagramme die zur Aufgabenbearbeitung notwendige Information einschließlich der den Entscheidungsprozeß des Benutzers unterstützenden Information enthalten, sind sie auch als Ausgangspunkt für die Modellierung der statischen Anteile einer Benutzungsschnittstelle geeignet.

5 Die Regulierung des Raumklimas im Winter und im Sommer erfolgt immer noch durch eine Haustechnik, die extrem energieaufwendig arbeitet.

6 Die Notwendigkeit zur Verwendung des Zusatzprogramms zur Lösung dieses Problems ist in Kapitel 4 erklärt.

7 Die Merkmale besitzen Gestaltungsrelevanz für Menüstruktur, Benutzungssichtdefinition sowie den Dialogablauf.

8 Auch hier zeichnet sich eine Zweigleisigkeit in der Weise ab, daß einerseits in die GemHVO und das haushaltsrechtliche Richtlinien-Regelwerk die neuen betriebswirtschaftlichen Elemente (Verwaltungsprodukte, Kostenrechnung, Vermögenserfassung, Produkthaushalt usw.) einzuarbeiten sind und daß andererseits für das neue kommunale Haushalts- und Rechnungswesen ein weitgehend neues und selbständiges Regelwerk zu entwickeln ist.

9 *Aus einer Diplomarbeit:* Bei der Auswahl eines geeigneten neuronalen Netzes ist meine Auswahl auf das Modell XYZ gefallen.

10 Kombinationen mehrerer unterschiedlicher Aufgabenstellungen können so auf ideale Weise erfolgen.

11 Ein freistehendes Einfamilienhaus benötigt die dreifache Energiemenge gegenüber einer gleich großen Geschoßwohnung.

12 Schon durch dieses frühkindliche Verhalten fordern Jungen mehr Beachtung als Mädchen und bekommen sie auch.

13 Die Durchführung entsprechender Maßnahmen erfordert seitens der Ausbilder und Trainer neue Kompetenzen.

14 Das Frankenbau-Blockhaus wird all diesen Ansprüchen bestens gerecht.

15 Es ist schwierig, die Finanzierung eines nagelneuen Kleinbusses aus den Mitteln einer Clubkasse zu bestreiten.

16 Eine prädikatenlogische Situation ist durch eine Menge von Individuen, zwischen denen gewisse Relationen und Operationen definiert sind, gegeben.

17 Sie sparen Zeit, müssen weniger investieren, und Ihr Aufwand wird kleiner.

15

SCHLÜSSIGE ABSÄTZE:
THEMA MIT VARIATIONEN

> Mehr Inhalt, wen'ger Kunst.
> (More matter with less art)
>
> SHAKESPEARE,
> *Hamlet* II, 2

Absätze haben die Aufgabe, Sätze zu Gedanken zusammenzufassen, den Übergang zu einem neuen Gesichtspunkt zu signalisieren und die Informationen in mundgerechte Happen zu unterteilen. Ihre Bedeutung kann gar nicht hoch genug geschätzt werden: Ein Text ohne Absätze würde genauso schlecht funktionieren wie eine Autobahn ohne Raststätten und Hinweisschilder.

Allerdings: Eine Zeilenschaltung macht noch keinen Absatz! Dazu braucht es schon etwas mehr:

- Geschlossenheit: Jeder Absatz entwickelt einen zentralen Gedanken.
- Auswahl einer geeigneten Darstellungsform: je nach Inhalt Fließtext, Aufzählung oder Tabelle.
- Verzahnung des Absatzes mit seinem Vorgänger und seinem Nachfolger.

Geschlossenheit: Pro Absatz ein Gedanke

Ein in sich geschlossener Absatz entwickelt einen – und zwar wirklich nur einen – zentralen Gedanken. Das heißt konkret: Ein Thesensatz nennt das Thema des Absatzes.

Alle anderen Sätze im gleichen Absatz sind Variationen des Hauptthemas. Aus der Ausführlichkeit, mit der Sie einen Gedanken entwickeln, ergibt sich die Absatzlänge.

Der Thesensatz

Der Thesensatz faßt das Thema, die zentrale Idee des Absatzes zusammen. Weil es in Fachtexten auf schnelle Informationsaufnahme ankommt, steht er sinnvollerweise am Absatzanfang. Aber auch der letzte Satz eines Absatzes kann der Thesensatz sein: Zum Beispiel, wenn Sie die Leser zu einer Schlußfolgerung hinführen, Spannung aufbauen oder möglichem Widerspruch den Wind aus den Segeln nehmen möchten. Schauen Sie sich das folgende Beispiel an:

> Dabei wissen wir heute, *daß sich Talente und Begabungen auf allen Gebieten nur durch intensives Training entfalten können.* Der Psychologe Anders Ericsson hat festgestellt: Viele vermeintliche Ausnahmeerscheinungen wie Geigenvirtuosen, Spitzenforscher oder Schachweltmeister fallen nicht durch einen besonders hohen IQ auf, sondern durch die Zeit, die sie dem Gebiet ihres speziellen Könnens gewidmet haben. Ungefähr zehn Jahre dauert es, bis sie die Regeln ihres Fachgebiets erlernt, verinnerlicht und im Gehirn zu den rund 100.000 Wissenspaketen (»Chunks«) verknüpft haben, die für Spitzenleistungen auf einem Spezialgebiet notwendig sind. Dank ihres jahrelangen Trainings können Experten komplexe Probleme in wenigen Makroschritten schnell und intelligent lösen. Der ungeschulte und ungeübte Laie dagegen verfängt sich bei der gleichen Aufgabe in tausend Einzelheiten.

Die Hauptinformationen stehen im ersten Satz: Talente und Begabungen können sich nur durch intensives Training entfalten. Alles folgende ordnet sich dieser Idee unter. Auch Leser, die nur den ersten Satz des Absatzes lesen, haben die entscheidende Information mitbekommen.

Die Variationen

Alle weiteren Sätze des gleichen Absatzes sind Variationen des im Thesensatz angeschlagenen Themas. Sie dienen dazu, den Thesensatz zu vertiefen: zum Beispiel durch Details, Erklärungen, Definitionen, Begründungen. Für Schreiber heißt das: Abschweifende Ideen müssen gestrichen oder in einem eigenen Absatz entwickelt werden. Erliegen Sie nicht der Versuchung, interessante, aber momentan irrelevante Zusatzinformationen zu liefern; dadurch gefährden Sie die Geschlossenheit Ihrer Absätze.

Absatzlänge

Aus der Ausführlichkeit, mit der Sie einen Gedanken behandeln, ergibt sich normalerweise auch die Absatzlänge. Fragen Sie sich nicht: Wie lang darf ein Absatz sein? Sondern überlegen Sie: Was müssen meine Leser über das Thema dieses Absatzes wissen? Liefern Sie ihnen dann die Informationen, die sie brauchen und erwarten. Wie stark Sie ins Detail gehen, hängt vom Thema, vom Lesepublikum und von der Textsorte ab. In Fachartikeln oder Berichten werden Sie einen Gedanken detaillierter ausführen als in einem knappen Memo. In einer Kurzmitteilung ergeben sich somit automatisch kürzere Absätze als in einer wissenschaftlichen Darstellung.

Nicht jeder Gedanke läßt sich in einem einzigen Absatz abhandeln. Wenn Sie merken, daß ein Absatz länger als eine halbe Seite wird, sollten Sie ihn unterteilen und in mehrere Absätze aufbrechen.

Aufzählungen und Tabellen

Enthält ein Absatz viele gleichartige Informationen oder eine Fülle von Zahlen, bietet es sich an, eine Aufzählung oder Tabelle anstelle des gewohnten Fließtextes zu wählen.

Aufzählungen

Aufzählungen lockern den Text auf, lassen sich mit einem Blick erfassen und fallen schon beim flüchtigen Durchblättern auf. Vor allem aber: Sie zwingen Sie, Ihre Gedanken zu sortieren und Textknäuel zu entwirren. Bei der Formulierung und Gestaltung von Listen sollten Sie die folgenden Punkte beachten:

Ausgewogenheit zwischen Fließtext und Listen. Aufzählungen müssen sich mit »normalen« Absätzen abwechseln. Listen unverbundener Gedanken machen noch keinen Text. Seitenlange Aufzählungen wirken zerrissen und sind genauso schwer zu lesen wie seitenlanger Fließtext. In den meisten Texten sollte der Anteil der Aufzählungen deshalb deutlich kleiner sein als der Anteil der »normalen« Absätze.

Parallelismus. Aufzählungen sind Listen gleichartiger Informationen. Sie gewinnen deshalb durch parallele Strukturen.

Statt:
Es ist nicht schwer, einleitende Hauptsätze zu vermeiden:
- Streichen Sie den Vorreiter ersatzlos weg.
- Viele Vorreiter lassen sich durch ein Umstandswort ersetzen.
- Verwandeln Sie den Nebensatz in einen Hauptsatz, zum Beispiel mit Hilfe eines Doppelpunkts.

Schreiben Sie:
Es ist nicht schwer, einleitende Hauptsätze zu vermeiden:
- Streichen Sie den Vorreiter ersatzlos weg.
- Ersetzen Sie den Vorreiter durch ein Umstandswort.
- Verwandeln Sie den Nebensatz in einen Hauptsatz, zum Beispiel mit Hilfe eines Doppelpunkts.

Ausgewogenheit der Aufzählungspunkte. Alle Aufzählungen in einer Liste sollten ungefähr gleich lang und gleich wichtig sein.

Statt:
Zu den Risiken der Währungsunion gehören:
- Wegfall von Währungsvorteilen,
- härterer Wettbewerb durch die größere Markt- und Preistransparenz zwischen den Herstellern der Teilnehmerländer,
- Markteintritt neuer Wettbewerber.

Schreiben Sie:
Zu den Risiken der Währungsunion gehören:
- Wegfall von Währungsvorteilen,
- härterer Wettbewerb zwischen den Teilnehmerländern,
- Markteintritt neuer Wettbewerber.

Tabellen und Diagramme

Umfangreiches Zahlenmaterial läßt sich im Fließtext nur sehr schlecht präsentieren. Wählen Sie für Statistiken oder die Darstellung von Zahlen deshalb immer die Tabellenform. Alternativ oder zusätzlich können Sie sprödes Zahlenmaterial in einem Balken- oder Tortendiagramm veranschaulichen. Sie eignen sich besser als Tabellen dazu, den Lesern ein Gefühl für das »große Ganze« zu vermitteln, für Trends, Größenverhältnisse, Unterschiede.

Auch Textinformationen sind manchmal besser in einer Tabelle aufgehoben:

Statt:
Mit Deutsche Telekom, Siemens-Nixdorf und Baan haben die Expo-Verantwortlichen drei Weltpartner für die Bereiche Telekommunikation, Computersysteme und Software gewonnen. Dazu kommen zwei Produktpartner (Informix, Adecco) aus den Bereichen Datenbanken und Personalvermittlung.

Schreiben Sie:
Diese Konzerne haben sich bisher einen Expo-Titel gesichert:

Unternehmen	Expo-Titel	Leistung
Siemens-Nixdorf	Weltpartner	Computer-Systeme
Deutsche Telekom	Weltpartner	Telekommunikation
Baan	Weltpartner	Software
Adecco	Produktpartner	Personalvermittlung
Informix	Produktpartner	Datenbanken

Berührungspunkte nach außen

Absätze sind wie die Glieder einer Kette: Sie entfalten ihre Wirkung erst im Zusammenspiel mit den Absätzen davor und danach. Es gibt viele Möglichkeiten, den Bezug zwischen Absätzen herzustellen. Bevorzugen Sie unauffällige Formen wie Pronomina, Wortstellung und Verbindungsworte. Und: Sorgen Sie für Abwechslung. Immer die gleiche Form der Verzahnung zu wählen ist monoton.

Etwas Neues will der Leser

Jeder Absatz ist ein kleiner Neuanfang; Ihre Leser erwarten einen neuen Anlauf.[41] Es ist deshalb nicht sinnvoll, die Informationen des vorhergehenden Absatzes im neuen Absatz noch einmal auszuwalzen. Ein Beispiel für diese weit verbreitete Unsitte ist der folgende Ausschnitt aus einem Text über das Internet als Marketing-Instrument:

> Die Besucher des WWW verlangen nicht nur die ständige Aktualisierung von Web-Seiten, sondern wollen mit dem Unternehmen auch in Kontakt treten können. E-Mails sollten deshalb innerhalb von 24 Stunden von einem kompetenten Mitarbeiter beantwortet werden. Im günstigsten Fall haben die relevanten Ansprechpartner im Unternehmen zu diesem Zweck einen E-Mail-Anschluß. Darüber hinaus sollte es auch einen Mitarbeiter geben, der nicht genau adressierte Anfragen an die richtige Stelle weiterleitet. Eine weitere Anforderung: Ausgehende E-Mails sollten mit einer Absenderangabe versehen sein – mit Telefonnummer und Postanschrift.

> *Das Internet stellt also eine Reihe neuer Anforderungen an die Agenturen und Betreuer der Webseiten. Dies ist ein Thema, das beim Schritt auf das Internet ebenfalls berücksichtigt werden muß. Doch wie kommt man zu einer guten Betreuung und einer erfolgreichen Präsenz im Netz?*

Ein langatmiger Text, dem die dreizeilige Zusammenfassung des ersten Absatzes am Beginn des zweiten die Krone aufsetzt. Daß viele Anforderungen zu erfüllen sind, wenn das Internet als Marketing-Instrument genutzt werden soll – das ist nach dem ersten Absatz wohl jedem klar. Es hätte deshalb völlig genügt, den zweiten Absatz mit der Frage einzuleiten:

> Wie kommt man nun zu einer Agentur, die all das erledigt, was für die erfolgreiche Präsenz im Netz notwendig ist?

Diese Version ist nicht einmal halb so lang; der Leser darf hoffen, daß es nun endlich zur Sache geht.

Pronomina

Eine simple, aber wirksame Form der Überleitung sind Pronomina wie *dieser* oder *solche*. Mehr Verzahnung ist in vielen Fällen gar nicht nötig.

> Inzwischen haben die Fondsgesellschaften spezielle Produkte entwickelt, die auf die private Altersvorsorge zugeschnitten sind. Sie funktionieren meistens nach dem Muster, daß der Anleger in der Jugend riskantere, aber ertragsstärkere Aktien erwirbt, im Alter dann stabile Rentenwerte.
>
>   Christian Strenger erläutert *diese Sparform* anhand der DWS-Investmentrendite. ...

Wortstellung

Oft genügt es, die Wortstellung im ersten Satz des neuen Absatzes zu verändern, um einen nahtlosen Übergang zwischen zwei Absätzen zu schaffen. Im folgenden Textbeispiel stehen der erste und der zweite Absatz ohne Bezug nebeneinander:

> Die Vergangenheit hat gezeigt: Wer in den letzten 25 Jahren regelmäßig 100 Mark monatlich in den Investa eingezahlt hat, kann heute über einen Betrag von 146 000 Mark verfügen.
> Die DWS schichtet die Anlage drei Jahre vor Ende der Laufzeit allmählich in Rentenfonds um, damit der Anleger vor allzu starken Kursschwankungen geschützt wird. Im Ruhestand läßt sich der Sparer schließlich mit einem Entnahmeplan das zuvor aufgebaute Vermögen auszahlen.

Zwischen den beiden Absätzen besteht ein Gedankensprung: Der Witz an der Investitionsform ist nicht sofort klar. Der Leser muß den Bezug selbst herstellen. Zieht man die Zeitangabe *drei Jahre vor Ende der Laufzeit* an den Satzanfang, ist das Problem gelöst:

> Die Vergangenheit hat gezeigt: Wer in den letzten 25 Jahren regelmäßig 100 Mark monatlich in den Investa eingezahlt hat, kann heute über einen Betrag von 146 000 Mark verfügen.
> *Drei Jahre vor Ende der Laufzeit* schichtet die DWS die Anlage allmählich in Rentenfonds um, damit der Anleger vor allzu starken Kursschwankungen geschützt wird. Im Ruhestand läßt sich der Sparer schließlich mit einem Entnahmeplan das zuvor aufgebaute Vermögen auszahlen.

Sie sehen: Der Autor nimmt den Faden des letzten Absatzes wieder auf – einfach indem er den einleitenden Satz etwas umstellt. Der zweite Absatz knüpft jetzt nahtlos an den vorhergehenden an.

Verbindungsworte

Beginnen Sie den neuen Absatz mit einer verbindenden Floskel wie:

> dazu kommt, im Gegensatz dazu, genauso verhält es sich auch, allerdings, während also.

Frage

Stellen Sie eine (rhetorische) Frage am Absatzende, die Sie im folgenden Absatz beantworten:

> Spiralgalaxien enthalten zwar viel Gas, aber relativ wenige sogenannte Globularcluster, dichte Ansammlungen von Hunderttausenden von Sternen. Bei elliptischen Galaxien dagegen ist dieses Verhältnis genau umgekehrt. Wie kann daher der eine clusterreiche Galaxientyp aus dem clusterarmen hervorgehen?
>
> Des Rätsels Lösung könnte in der Geburt neuer Sterne liegen. Schon Halton Arp hatte vorgeschlagen, daß der Zusammenstoß von Galaxien zur Bildung neuer Himmelskörper führen könnte. ...

Diese Methode können Sie allerdings nur gelegentlich einsetzen: Wird sie penetrant angewandt, fühlen sich die Leser bevormundet. In formalen Texten sollten Sie ganz darauf verzichten.

Das Wichtigste auf einen Blick

Absätze bündeln Informationen und Fakten zu Gedanken. Gleichzeitig gehören sie zu den wichtigsten Gliederungselementen im Text.

- Ordnen Sie jeden Absatz einem zentralen Gedanken unter, den Sie in einem Thesensatz formulieren. Alle weiteren Sätze sind Variationen des dort angeschlagenen Themas: Sie dienen dazu, das Thema zu begründen, zu vertiefen und zu untermauern.
- Bringen Sie gleichartige Informationen in Aufzählungen und Zahlenmaterial in Tabellen und/oder Diagrammen unter.
- Achten Sie darauf, daß sich nachfolgende Absätze schlüs-

sig und ohne Bruch aus dem vorhergehenden ergeben. Dabei helfen zum Beispiel Pronomina, Verbindungswörter oder eine geschickt gewählte Wortstellung. Auch wichtig: Führen Sie das Thema des neuen Absatzes ohne langes Vorgeplänkel ein.

16
DIE HÖHEREN WEIHEN:
SINN DURCH SINNLICHKEIT

> Je abstrakter die Wahrheit ist, die man lehren will,
> um so mehr muß man die *Sinne* zu ihr führen.
>
> NIETZSCHE, Zur Lehre vom Stil

Ein Fachtext erzielt seine Wirkung nicht nur durch die reine Informationsvermittlung, sondern auch durch Leseanreize wie lebendige Bilder, anschauliche Beispiele und einprägsame Vergleiche.

Den Unterschied zwischen Sinn und Sinnlichkeit illustriert das folgende Beispiel: Nehmen wir an, Sie werden gebeten, die relative Bedeutung der Intuition und des Intellekts bei Ihrer Arbeit zu beschreiben. Wahrscheinlich lautet Ihre Antwort ungefähr so: »Das Beste ist, wenn Intellekt und Intuition beide beteiligt sind.« Die Schriftstellerin Madeleine L'Engle dagegen antwortet auf die gleiche Frage: »Deine Intuition und dein Intellekt sollen zusammenarbeiten ... miteinander schlafen. So funktioniert es am besten.«[42] Die beiden Äußerungen haben denselben Inhalt; wirkungsvoller aber ist das Bild vom Intellekt und der Intuition, die miteinander schlafen: Es regt die Phantasie des Lesers an und setzt sich im Gedächtnis fest.

Ging es in den vorangegangenen Kapiteln um das Handwerk des Schreibens, um das Vermeiden von Sprachsünden und die Einhaltung von Sprachregeln, so schlägt dieses Kapitel eine (schmale) Brücke zur Kunst des Schreibens. Es beschreibt die Kunstgriffe, mit denen Sie Ihren Lesern Informationen verständlich *und* mitreißend präsentieren.

Beispiele

Beispiele sind die einfachste Form, ein theoretisches Thema zu veranschaulichen. Je abstrakter und schwieriger Ihr Thema ist, desto wichtiger ist es, Beispiele nach ihrer Medienwirksamkeit auszuwählen. Schauen Sie sich den folgenden Textausschnitt aus einem Informatik-Fachbuch an:

> Harte Echtzeitsysteme sind solche, bei denen ein Fehler im Zeitbereich zu katastrophalen Folgen führen kann. Bei harten Echtzeitsystemen ist ein Fehler im Zeitbereich genauso kritisch wie ein Fehler im Wertebereich. Ein Beispiel für ein hartes Echtzeitsystem ist ein computergesteuerter Herzschrittmacher.

Was ist Ihnen davon im Gedächtnis geblieben? Wahrscheinlich eine Einzelheit: der Herzschrittmacher. Sachlich gesehen hätte der Autor ebensogut ein automatisches Bilderkennungssystem als Beispiel anführen können, das vorbeigleitende Stahlplatten auf Produktionsfehler untersucht. Nur: Die meisten Leser hätte das ziemlich kalt gelassen – einfach weil ihnen der Bezug dazu fehlt.

Denken Sie beim Schreiben daran: Beispiele, die sich einprägen, sind nah am Leser dran, sprechen seine ureigensten Interessen an und dürfen ruhig auch mal ein bißchen reißerisch sein. Lesen Sie dazu den folgenden Textausschnitt aus einem in *Spektrum der Wissenschaft* erschienenen Aufsatz über die Neurologie des menschlichen Gedächtnisses:

> Die gespeicherten Inhalte sind zudem spezifisch mit körperlichen Reaktionen und Gemütsregungen verknüpft. War beispielsweise die Amygdala in das Unternetzwerk einbezogen, in dem ein Gefahrenerlebnis abgelegt wurde, werden beim Erinnern daran wieder der Puls schneller und die Stimme lauter sein. Ein Patient berichtete nach Amygdalaresektion, er habe nun den »Playboy« abbestellt, weil die Bilder nackter Mädchen nicht mehr wie früher »das Herz höher schlagen ließen.« Je mehr Inhalte geistig verarbeitet sind oder je mehr sie ins Wissenssystem übergehen, desto neutraler werden sie wohl auch.

Human touch

Der Neurologe Antonio Damasio beginnt sein Buch *Descartes' Irrtum. Fühlen, Denken und das menschliche Gehirn* mit den folgenden Worten:

> Es ist Sommer 1848. Wir befinden uns in Neuengland. Aus heiterem Himmel schickt sich das Verhängnis an, Phineas P. Gage, einen vielversprechenden jungen Mann von fünfundzwanzig Jahren, Vorarbeiter bei einer Eisenbahngesellschaft, zugrunde zu richten. Anderthalb Jahrhunderte später wird sein Schicksal die Menschen noch immer beschäftigen.

Der romanhafte Einstieg weckt menschliches Interesse und fördert die Bereitschaft, sich auf die nachfolgenden wissenschaftlichen Abhandlungen einzulassen.

Egal, ob man über Betriebssysteme, Hausratversicherungen, Abschreibungsmodelle oder die letzte Erhöhung der Krankenkassenbeiträge schreibt – ein Schuß *human touch* läßt sich jedem Thema abgewinnen. Letzlich geht es noch im trockensten Sachtext um Menschen und menschliche Belange – um Anwender, Versicherungsnehmer, Anleger, Ärzte und Kranke. Fast immer gibt es deshalb die Möglichkeit, Leben in die graue Theorie zu bringen: indem man mit einer kurzen Anekdote beginnt, Fachleute zu Wort kommen läßt, Fallbeispiele schildert, praktische Anwendungsmöglichkeiten aufzeigt oder gesellschaftliche Auswirkungen andiskutiert.

Übung 18. Geben Sie dem folgenden Text mehr Farbe, indem Sie die beteiligten Forscher darin auftreten lassen:

> Beim Bau von Quantencomputern werden verschiedene Konzepte verfolgt: In Los Alamos und Boulder wird mit Ionen gearbeitet, die in Magnetfallen festgehalten werden; am California Institute of Technology experimentiert man mit Lichtteilchen (Photonen); bei Hitachi werden sogenannte Quantendots erforscht.

Sprachbilder

Sprachbilder sind bewährte Mittel, abstrakte Themen mit Leben zu erfüllen. Mit zwei, drei präzisen Strichen nähern sie komplexe Sachverhalte und abstrakte Konzepte an Bekanntes und Vertrautes an. Ohne Definitionen und langatmige Erklärungen produzieren sie, wie Wolf Schneider es nennt, »Kino im Kopf«.[43] Zwei Sprachbilder sollten auch berufliche Schreiber kennen und einsetzen: den Vergleich und die Metapher.

Der Vergleich

Der Vergleich zieht eine Parallele zwischen ungleichen Dingen, indem er sie durch ein vergleichendes *wie, als ob* oder *gerade so* verbindet:

Das Auge ist wie eine Linse.

Wie Dominosteine kippten daraufhin die Währungen Malaysias, Indonesiens und der Philippinen um.

Die Platinen sind so groß wie eine Dollarnote und dünn und leicht wie eine Waffel.

Leider treibt ein übertriebener Ordnungssinn die Leute dazu, auch die allerschmalsten Spalten – in Tageszeitungen zum Beispiel – auf Blocksatz setzen zu wollen. Das sieht von weitem ordentlich aus, beim Lesen entdeckt man jedoch, daß zwar die Kanten säuberlich wie ein Vorgartenrasen beschnitten sind, mittendrin aber die kahlsten Stellen prangen.

Wann immer die Fahrzeugstabilität gefährdet scheint, kann ESP jedes Rad einzeln bremsen und sogar in die Motorsteuerung eingreifen. Gerade so, als hätten Sie vier Bremspedale und ebenso viele Füße.

Solche Bilder prägen sich ein: Sie aktivieren die Vorstellungskraft; die Information wird nicht nur verbal, sondern auch bildlich gespeichert.

Schreiben und Redigieren

Die Metapher

Die Metapher stellt ebenfalls Parallelen zwischen ungleichen Dingen her, aber ohne das vergleichende *wie*. Als *Der Spiegel* über die Pannen bei der Einführung der A-Klasse schrieb: »Daimler-Benz, die Urmutter des Kraftwagenbaus, hat ein krankes Kind geboren«, bediente er sich einer Metapher. Die Bezeichnung *krankes Kind* wird auf einen Kleinwagen übertragen, bei dem ein Sicherheitsproblem aufgetreten ist.

Von der Kraft unverbrauchter Bilder zeugen die folgenden Textausschnitte; die Metaphern sind kursiv markiert:

> Wir *hungern* nach Wissen und *ertrinken* in Informationen.

> Traditionelle Rechnerarchitekturen sind *Einzelkämpfer* und *geraten* immer dann *ins Schwitzen*, wenn es um die gleichzeitige Verarbeitung von einzelnen Aufgaben geht. *Teamarbeit* ist gefragt. Bei den neuen skalierbaren IBM RISC Rechnern *legen sich* bis zu 128 Prozessoren gleichzeitig *in die Riemen*.

> Der deutsche Markt, der mit einem geschätzten Bauvolumen von rund 430 Milliarden Mark der größte in Europa ist, bleibt eine *hart umkämpfte Bastion*.

Viele Metaphern verwenden wir, ohne uns dessen bewußt zu sein: Wir leben im *globalen Dorf*, *surfen* im Internet und regen uns auf über die *Dienstleistungswüste* Deutschland. Auf unserem PC geistert ein *Computervirus* herum, eine *harte Nuß*, die es erst noch zu *knacken* gilt.

Bild- und Stilbrüche

Bildbrüche (Katachresen). Die vorangegangenen Beispiele haben gezeigt: Sprachliche Bilder sind ein schönes Mittel, Texte aufzuwerten. Allerdings können sie bisweilen auch haarscharf daneben zielen.

> Die Expo-Manager reagieren ihrerseits häufig wie begossene Pudel, ziehen sich zum Ideenbrüten hinter die Diskurslinien zurück und planen weiter trotzig vor sich hin.

Das biologische Novum der brütenden Pudel, die sich wie eine geschlagene Armee hinter die Schußlinie zurückziehen, ist übrigens nicht erfunden: Es stand wortwörtlich so in einer großen Tageszeitung!

Stilbrüche. Nicht jede Metapher eignet sich für jeden Text. Viele Metaphern sind so salopp oder hemdsärmelig, daß sie in Fachtexten einfach peinlich wirken: *auf den Bauch fallen* und *über den Tisch ziehen*, *sich warm anziehen* und *kübelweise Spott ausschütten* – das sind Bilder, in denen Voreingenommenheit oder Schadenfreude mitklingen. In Texten, bei denen es auf Ernsthaftigkeit, Ausgewogenheit und Sachlichkeit ankommt, sind sie fast immer fehl am Platz.

Zahlen lebendig machen

Zahlen sind für viele Leser ein Schreckgespenst – vor allem, wenn sie unser Vorstellungsvermögen übersteigen und wir Mühe haben, sie im Gedächtnis zu behalten. Vergleiche machen Zahlen griffig und beeindrucken die Leser:

> Der medizinisch-industrielle Komplex beschäftigt 4,2 Millionen Menschen, die gut 80 verschiedenen Heil- und Hilfsberufen angehören. *Von den Krankheiten leben mehr Menschen, als daran sterben.*
>
> Ein Kindergarten in Niedersachsen durfte ein zusätzliches Kind nicht aufnehmen, weil an der vorgeschriebenen Größe von 50 Quadratmetern für einen Gruppenraum 0,03 Quadratmeter fehlten – *das entspricht etwa der Fläche eines Schreibheftes oder Stenoblocks.*

Solche Vergleiche entstehen nicht von selbst, nach ihnen muß man fahnden. Doch der Aufwand lohnt sich: Der Text gewinnt an Dramatik, an Überzeugungskraft, an Attraktivität.

Bedenke wohl die erste Zeile

Jeder Textanfang ist ein Flirt mit dem Leser: In wenigen Sekunden entscheidet sich, ob es funkt. Die ersten zwei bis vier Zeilen eines Textes bedürfen deshalb Ihrer besonderen Aufmerksamkeit als Schreiber. Versuchen Sie es mit einer der folgenden Einstiegsstrategien: Orientieren, Anknüpfen an ein aktuelles Ereignis, eine interessante Story, Ironie, Verblüffen. Und – das ist ganz wichtig – kommen Sie dann ohne Umschweife zur Sache: spätestens im zweiten Absatz, noch besser im zweiten Satz.

Orientieren. Das Mindeste, was der Leser von einem Text- oder Kapitelanfang erwarten darf, ist ein Hinweis auf das, was ihn erwartet.

> Der Umstieg auf die objektorientierte Software-Entwicklung ist [...] ein entscheidender technologischer Fortschritt mit vielen organisatorischen und technischen Implikationen. Um erfolgreich zu sein, müssen Sie die Augen offen halten und planmäßig vorgehen. Dieses Kapitel will Ihnen helfen, alle notwendigen Schritte zu tun. Sie erfahren, wie Sie den Umstieg planen, die Entwickler und Manager schulen, potentielle Trainer und Berater evaluieren, Pilotprojekte auswählen und Mitarbeiter für objektorientierte Projekte finden.

Gegen diese Art von Kapitelanfang ist nichts einzuwenden: Die Hinführung zum Thema ist knapp und informativ, wenn auch sehr konventionell. Die Schwelle zur Sinnlichkeit ist nicht überschritten.

Ironie. Mit ziemlicher Sicherheit wecken Sie die Aufmerksamkeit des Lesers, wenn Sie ihn zunächst einmal zum Widerspruch herausfordern. Schauen Sie sich die folgende Einleitung zu einem *SZ*-Artikel über Studienabbrecher an:

> Studienabbrecher sind Faulenzer. Sie machen es sich auf der Tasche des Steuerzahlers bequem und denken gar nicht daran, vor

dem Mittagessen aufzustehen. Studienabbrecher sind Schmarotzer. Erst verstopfen sie die Hörsäle, und dann verderben sie jede Hochschulstatistik. Studienabbrecher sind Versager. Sie machen halbherzig ein paar Scheine, doch wenn es ernst wird, kurz vor dem Examen, verlieren sie die Nerven. »Nieten! Schwächlinge!«, rufen die, die keine Ahnung haben.

Eine interessante Story. Auch die Leser von Fachtexten lassen sich mit einer interessanten Story leichter ködern. Servieren Sie ihnen zum Einstieg eine Anekdote, knüpfen Sie an ein aktuelles Ereignis an, schildern Sie eine persönliche Erfahrung. Eine Professorin beginnt einen Artikel über die Psychologie der Frau:

> Als die Wiener Philharmoniker auf einer Pressekonferenz im Sommer '96 erklärten, sie würden es auch im 154. Jahr ihres Bestehens kategorisch ablehnen, Frauen als Musikerinnen in ihre Reihen aufzunehmen, weil der »mutterschaftsbedingte Leistungsabfall« und die »Babypause die musikalische Qualität mindere« (*Der Spiegel* 1996/33), war die öffentliche Empörung groß.
>
> Könnten die Elitemusiker mit Hilfe wissenschaftlicher Argumente aus der Psychologie eines besseren belehrt werden? Kann die akademische Psychologie wertfreie und objektive Ergebnisse über die berufliche Leistungsfähigkeit und Leistungsmotivation schwangerer Frauen liefern? Ich fürchte: Nein. ...

Verblüffen. Wenn Sie damit rechnen müssen, daß Sie die Erwartungen Ihrer Leser nicht erfüllen, kann es hilfreich sein, den Stier bei den Hörnern zu packen. Der folgende Einstieg in eine Bewerbung nimmt all denen den Wind aus den Segeln, die sich als idealen Kandidaten einen 22jährigen Hochschulabsolventen mit langjähriger Berufserfahrung vorstellen:[44]

> Ich bin zwar schon 32, also ziemlich alt für einen Volontärsbewerber, aber ich habe in Tokio und Berkeley Mikroelektronik studiert und spreche akzentfrei Englisch und Japanisch.

Punkt, Punkt, Komma, Strich

Bei einer Besprechung, im Gespräch unter Kollegen oder bei einer Präsentation unterstreichen wir unsere Worte mit Gesten, einem Lächeln oder einem Augenzwinkern; am Telefon verändert sich die Stimme, wenn wir erstaunt oder verärgert sind; und im Internet haben wir immerhin noch Smileys, um unsere Emotionen »rüberzubringen«.

Was wir im Gespräch mit Körper und Stimme ausdrücken, müssen in der geschriebenen Sprache sieben Satzzeichen ersetzen: Punkt, Komma, Doppelpunkt, Semikolon, Gedankenstrich, Frage- und Ausrufezeichen. Das ist wenig genug; doch trotz dieser bescheidenen Auswahl geben sich die meisten Schreiber mit Punkt und Komma zufrieden – alle anderen Satzzeichen setzen sie, wenn überhaupt, nur äußerst spärlich ein. Dabei eignen sich Doppelpunkt, Gedankenstrich und Semikolon hervorragend dazu, mehr Dynamik in Texte zu bringen.

Doppelpunkt. Der Doppelpunkt kündigt dem Leser an, daß auf den ersten Satz noch etwas folgt: eine Auflistung, eine Folgerung, ein Fazit, eine genauere Erklärung. Er ist so nützlich und vielseitig, daß Sie ihn ruhig einmal pro Absatz auftreten lassen dürfen.

> Außerdem kennen die Tests nur zwei Ergebnisse: »möglicherweise zufällig« und »nicht zufällig«.
>
> Mittlerweile scheint klar: Um eine Immunattacke zu starten, reicht die Bindung einer T-Zelle an ein fremdes Antigen allein nicht aus.
>
> Die vernetzten Systeme bieten Narrowcasting: Ähnlich dem Telefon ermöglichen sie den sofortigen interaktiven Dialog zwischen Anbieter und Benutzer.

Gedankenstrich. Der Gedankenstrich ist der Columbo unter den Satzzeichen: Wie das »Ach, fast hätte ich es vergessen«

des amerikanischen Detektivs ist der Gedankenstrich der Auftakt für einen Nachgedanken, eine Warnung, einen Einwand, eine Pointe.

> Erste Bauteile für Quantencomputer haben bereits funktioniert – wenn auch nur für Sekundenbruchteile.

> Dem Dow-Jones-Index, Kursbarometer der New Yorker Börse, sagt der Chefchartist von Prudential Securities bis Ende 1997 ein Ziel von mindestens 8000 Punkten voraus – trotz des jüngsten Kurseinbruchs.

Strichpunkt. Sein Name sagt es schon: Den Strichpunkt verwenden Sie dort, wo ein Punkt zu viel und ein Komma zu wenig wäre.

> Der Einbau eines Ethenmoleküls in die wachsende Kette dauert lediglich einige hunderttausendstel Sekunden; auch beim Propen sind es nur tausendstel Sekunden.

Ausrufezeichen und Fragezeichen. Im Gegensatz zu Doppelpunkt, Strichpunkt und Gedankenstrich ist das Ausrufezeichen in Fachtexten nur selten berechtigt: schließlich wollen Sie Ihren Leser mit Argumenten überzeugen, nicht mit marktschreierischen Beteuerungen. Auch das Fragezeichen sollten Sie nicht überstrapazieren: Es ist nicht Ihre Aufgabe als Schreiber, Fragen zu stellen, sondern Antworten zu liefern.

Das Wichtigste auf einen Blick

Daß Fachtexte Sinn machen müssen, versteht sich von selbst. Die höchste Stufe der Leserfreundlichkeit aber ist erst erreicht, wenn sie die Sinne des Lesers ansprechen. Das erreichen Sie durch:

- Beispiele, die nah am Leser dran sind und durchaus auch nach ihrem Effekt ausgewählt sind;

- Vergleiche und Metaphern, die aus dem Unanschaulichen das Anschauliche machen;
- die Illustration von Zahlen durch Vergleiche, die Bilder im Kopf entstehen lassen;
- Text- und Kapitelanfänge, die den Leser einfangen – zum Beispiel durch Ironie, eine interessante Anekdote oder ein verblüffendes Detail;
- den großzügigen Einsatz von Doppelpunkten, Strichpunkten und Gedankenstrichen, um etwas von der Lebendigkeit der gesprochenen Sprache einzufangen.

Teil IV

Tips und Tricks für die Praxis

Viele Leser ... freuen sich während des Lesens an einem gewissen etwas, das ihnen wohl thut, das angenehm wie Licht auf sie wirkt, aber sie können sich über dies angenehme Gefühl nicht eigentlich Rechenschaft geben.

> Theodor an Emilie Fontane,
> 2. Dezember 1869

STICHWORT:
ARBEITSZEUGNIS

Arbeitszeugnisse gehorchen eigenen stilistischen Gesetzen: Weil sie einerseits *wohlwollend* und andererseits *wahr* abgefaßt sein müssen, hat sich eine Zeugnissprache entwickelt, die oft positiver klingt, als sie gemeint ist. Was in anderen Fachtexten als Stilfehler gilt – zum Beispiel Superlative und überschwengliche Adjektive –, ist in Arbeitszeugnissen oft ein verschlüsselter Hinweise auf die Vorzüge oder Defizite des beurteilten Mitarbeiters. Diese Besonderheiten muß man kennen, um Arbeitszeugnisse unmißverständlich formulieren beziehungsweise richtig interpretieren zu können.

Aufbau

Arbeitnehmer haben bei Beendigung des Arbeitsverhältnisses Anspruch auf ein qualifiziertes Zeugnis. Darüber hinaus kann sich ein Arbeitnehmer Zwischenzeugnisse ausstellen lassen: zum Beispiel, weil er sich bei einem anderen Unternehmen bewerben möchte oder einen neuen Vorgesetzten bekommt. So oder so darf er ein fehlerfreies Zeugnis erwarten, das auf Geschäftsbogen geschrieben und mit Datum und Unterschrift versehen ist. Die Länge des Zeugnisses sollte der Beschäftigungsdauer angemessen sein.

Angaben über den Arbeitnehmer. Dazu gehören Name und Geburtsdatum, Ein- und Austrittsdatum und die Tätigkeit im Unternehmen. Die Adresse des Arbeitnehmers wird nicht genannt.

Die Aufgabenbeschreibung schildert ausführlich Funktion und Tätigkeit des Arbeitnehmers, Spezialkenntnisse, Personalverantwortung und wichtige Fortbildungsveranstaltungen. Die berufliche Entwicklung des Mitarbeiters muß klar erkennbar sein: Hat er verschiedene Funktionen bekleidet, werden sie in chronologischer Reihenfolge genannt und beschrieben.

Leistungsbeurteilung. Die zusammenfassende Leistungsbeurteilung ist neben der Aufgabenbeschreibung der wichtigste Bestandteil des Zeugnisses. Wenn Sie nur selten ein Zeugnis ausstellen, verwenden Sie am besten die folgenden Standardformulierungen.

Diese Leistung:	**würdigen Sie mit:**
herausragend (sehr gut)	Sie hat die ihr übertragenen Aufgaben stets zu unserer vollsten Zufriedenheit erledigt.
überdurchschnittlich (gut)	Sie hat die ihr übertragenen Aufgaben stets zu unserer vollen Zufriedenheit erledigt.
Durchschnittlich (befriedigend)	Sie hat die ihr übertragenen Aufgaben zu unserer vollen Zufriedenheit erledigt.
Gerade noch ausreichend	Sie hat die ihr übertragenen Aufgaben zu unserer Zufriedenheit erledigt.
Mangelhaft	Sie hat die ihr übertragenen Aufgaben im großen und ganzen zu unserer Zufriedenheit erledigt.
Völlig unbefriedigend (ungenügend)	Sie hat sich bemüht, die ihr übertragenen Aufgaben zu unserer Zufriedenheit zu erledigen.

Zusätzlich zur Gesamtleistungsbeurteilung schildert das Zeugnis die individuellen Fähigkeiten des Mitarbeiters, zum Beispiel: Fachwissen, Arbeitsbereitschaft, Kreativität, Belastbarkeit, Flexibilität, Zuverlässigkeit, Verantwortungsbewußtsein, Vertrauenswürdigkeit. Welche Eigenschaften Sie nennen, hängt von der Funktion und den besonderen Fähigkeiten des Mitarbeites ab.

Verhalten. Auf keinen Fall fehlen darf eine Aussage zum sozialen Verhalten des Mitarbeiters gegenüber Vorgesetzten und Kollegen, aber auch Kunden, Geschäftspartnern usw. Bei Mitarbeitern mit Personalverantwortung wird darüber hinaus auch das Führungsverhalten beurteilt.

Schlußformel. Die Schlußformel umfaßt Angaben zur Kündigung, den Dank für die geleistete Arbeit, das Bedauern über das Ausscheiden und gute Wünsche für die Zukunft. Fehlen diese Elemente, so läßt das auf Differenzen zwischen Arbeitgeber und Arbeitnehmer schließen.

Datum und Unterschrift. Ganz wichtig: Beim Endzeugnis muß das Ausstellungsdatum mit dem Tag übereinstimmen, an dem das Beschäftigungsverhältnis endet. Ist das Zeugnis auf einen anderen Tag als den 15. oder 30./31. eines Monats ausgestellt, so kann das auf eine fristlose Kündigung hindeuten.

Sprache

Notwendig und richtig: Adjektive und Beteuerungsformeln. Anders als sonst sind Adjektive und Superlative in einem Arbeitszeugnis das Salz in der Suppe: Einen guten Mitarbeiter erkennt der Leser an den vielen positiven Adjektiven im Zeugnis; einen mäßigen daran, daß sie fehlen. Superlative wie *vollste Zufriedenheit* oder *optimale Lösungen* sind eine Besonderheit der Zeugnissprache und lassen auf erstklassige Leistungen schließen. Das gleiche gilt für Beteuerungsformeln wie *überaus aufgeschlossen*, *jederzeit einwandfrei* oder *vollkommen selbständig*. Es wäre eine Benachteiligung guter und ausgezeichneter Mitarbeiter, wenn Sie aus stilistischen Gründen auf diese Floskeln verzichteten.

Vorsicht vor Passivsätzen und Verneinungen. Denken Sie daran: In Zeugnissen kann jedes Detail Anlaß für Interpretationen und Spekulationen sein. Oft läßt sich nur schwer sagen, ob eine Wendung dem Sprachstil des Zeugnisausstellers zuzurechnen oder als versteckter Hinweis auf Defizite des Arbeitnehmers gemeint ist.

Die häufige Verwendung des *Passivs* zum Beispiel kann ein Hinweis auf mangelnde Initiative sein. Beschreiben Sie die Aufgaben engagierter Mitarbeiter deshalb im Aktiv:

Statt:
Ab 1. September 1996 wurde Herr M. mit der Leitung der Abteilung Kostenrechnung betraut.

Schreiben Sie:
Am 1. September 1996 übernahm Herr M. die Leitung der Abteilung Kostenrechnung.

Hinter dem *verneinten Gegenteil* kann sich eine negative Aussage verbergen. Um Mißverständnisse zu vermeiden, sollten Sie ein Lob immer positiv ausdrücken.

Statt:
Frau Witte genoß das volle Vertrauen der Geschäftsleitung. Ihr Verhalten gegenüber Vorgesetzten und Kollegen war immer untadelig.

Schreiben Sie:
Frau Witte genoß das volle Vertrauen der Geschäftsleitung. Ihr Verhalten gebenüber Vorgesetzen und Kollegen war jederzeit vorbildlich.

Klare, zeitgemäße Sprache. Ein Arbeitszeugnis ist nicht nur für den beurteilten Mitarbeiter wichtig, es ist auch eine Visitenkarte Ihres Unternehmens. Behördendeutsch, Schachtelsätze, Wortwiederholungen und Rechtschreibfehler schaden dem Image Ihrer Firma.

Kommentierter Beispieltext

Zeugnis

Frau Martina Surkamp, geboren am 25. Juli 1969 in Bad Oldesloe, war vom 01. 04. 96 bis 30. 06. 99 als technische Redakteurin für unser Unternehmen tätig. (1)

Während dieser Zeit betreute Frau Surkamp die Entwicklung der technischen Handbücher und Verkaufsbroschüren für unsere Industriesteuerungen. Im Rahmen dieser Aufgabe legte sie Inhalt, Aufbau und Gestaltung der Handbücher und Broschüren gemeinsam mit dem Auftraggeber fest. Sie erarbeitete die Handbuchtexte, koordinierte die Erstellung von Bildmaterial durch externe Anbieter und sorgte für die Druckvorbereitung. (2)

Darüber hinaus war Frau Surkamp maßgeblich an der Entwicklung eines Firmenstandards für technische Handbücher und Kundenbroschüren beteiligt.

Frau Surkamp hat die ihr übertragenen Aufgaben mit einem hohen Maß an Engagement und Eigeninitiative stets zu unserer vollsten Zufriedenheit erledigt. (3) Dabei kam ihr ihre ausgeprägte Fähigkeit zugute, sich komplexe Zusammenhänge rasch anzueignen und sie transparent und anwenderfreundlich darzustellen. (4)

Das Verhalten von Frau Surkamp gegenüber Vorgesetzten und Mitarbeitern war kooperativ und stets einwandfrei. Bei unseren Kunden und externen Dienstleistern wurde sie schnell zu einer anerkannten Gesprächspartnerin. (5)

Frau Surkamp verläßt unser Unternehmen aus persönlichen Gründen auf ihren eigenen Wunsch. Wir bedauern diese Entscheidung, danken Ihr für Ihre Mitarbeit und wünschen ihr für ihre berufliche Zukunft alles Gute. (6)

Stuttgart, den 30. Juni 1999

(Unterschrift) (Unterschrift)

Anmerkungen

1. Ganz wichtig: Das Austrittsdatum stimmt mit dem Tag der Zeugnisausstellung überein.
2. Es fällt positiv auf, daß alle Tätigkeiten im Aktiv formuliert sind: *betreute, erarbeitete, sorgte für*. Wendungen wie *wurde eingesetzt* oder *zu ihren Aufgaben gehörte es* sagen dagegen nichts darüber aus, ob ein Arbeitnehmer die in ihn gesetzten Erwartungen auch wirklich erfüllt hat. Möglicherweise sind sie ein Hinweis auf Unselbständigkeit und fehlendes Engagement.
3. Eine sehr positive Gesamtwertung, die durch den Hinweis auf Selbständigkeit und Einsatzbereitschaft zusätzlich verstärkt wird.
4. Gut: Der zweite Teil der Leistungsbeurteilung ist individuell formuliert und auf die besonderen Anforderungen der Aufgabe zugeschnitten.
5. An der Formulierung *stets einwandfrei* erkennt der Eingeweihte: Frau Surkamp wird ein sehr gutes Sozialverhalten bescheinigt. Auch wichtig: Die Vorgesetzen werden vor den Mitarbeitern genannt; eine andere Reihenfolge ließe auf Probleme mit dem Chef schließen.
6. Das Bedauern und die guten Wünsche sind ein Signal für Zufriedenheit und dürfen in einem guten Zeugnis nicht fehlen.

Stichwort: Bedienungsanleitung und Dokumentation

Nimmt man allein die Auflage als Maßstab ihrer Bedeutung, sind sie wichtiger als alle Bücher dieser Welt: Bedienungsanleitungen, Gebrauchsanweisungen und Handbücher. Gleichzeitig gibt es wenige Textsorten, die mit soviel Spott und Häme übergossen werden wie technische Anleitungen und Dokumentationsunterlagen. Und spätestens bei der Programmierung des neuen Videorecorders kommt es an den Tag: Das Verhältnis zwischen Mensch und Gebrauchsanweisung ist genauso gespannt wie das zwischen Mensch und Technik.

Dabei ist es gar nicht so schwer, verständliche Bedienungsanleitungen zu produzieren. Jedenfalls, wenn man die Grundregeln der Anwenderdokumentation kennt:

- *An die Leser denken:* Der Aufbau der Anleitung orientiert sich an den Praxisaufgaben der Zielgruppe. Das Produkt wird aus Anwendersicht beschrieben.
- *Zum Handeln anleiten:* Der Anwender erfährt Schritt für Schritt, wie er eine bestimmte Aufgabe lösen kann.
- *Zur rechten Zeit am rechten Ort:* Der Anwender bekommt die Informationen exakt an der Stelle und in der Reihenfolge, in der er sie braucht.

Aufbau

Ganz gleich, ob Sie ein Handbuch für eine neue Software oder eine Bedienungsanleitung für ein Handy verfassen – die folgenden Bestandteile gehören immer dazu:

Stichwort: Bedienungsanleitung und Dokumentation

Vorspann. Zum Vorspann gehören: die *Titelseite*, das *Inhaltsverzeichnis*, ein kurzer *Überblick* über das Handbuch und – je nach Produkt – *Sicherheitshinweise*. Der Überblick dient als Orientierungshilfe und enthält unverzichtbare Informationen. In manchen Bedienungsanleitungen ist er treffenderweise überschrieben mit: »Wenn Sie keine Handbücher lesen«.

Hauptteil. Inhalt und Aufbau einer Anleitung hängen von ihrem Umfang ab. Bei Anleitungen, die gerade mal zwei, drei Seiten umfassen, besteht der Hauptteil fast ausschließlich aus Überschriften und numerierten Handlungsanweisungen. Bei ausführlicheren Anleitungen ist der Hauptteil meistens untergliedert in:

- Eine *Einleitung*, die Sinn und Zweck des Produkts kurz beschreibt und, falls erforderlich, Voraussetzungen für seinen Einsatz nennt.
- Eine *Installationsanleitung*, in der der Leser erfährt, wie er das Produkt aufbaut oder auf den ersten Gebrauch vorbereitet.
- Ein oder mehrere Kapitel zur *Produktbedienung*, die sich in erster Linie an Einsteiger wenden und Schritt für Schritt beschreiben, wie der Leser bestimmte Aufgaben mit dem Produkt löst. Damit der Anwenderbezug stimmt, *muß* sich der Kapitelaufbau in diesem Teil am Handeln des Lesers orientieren, nicht an den Funktionseinheiten des Produkts. Das spiegelt sich schon in den Überschriften wider:

Falsch:	**Richtig:**
Klangmuster-Taste	So wählen Sie das Klangmuster aus
Der Befehl »Projekt Status«	Projektgesamtkosten ansehen
Lautsprecherkabelanschluß	Anschließen der Lautsprecher

- Einen *Nachschlageteil*, der erfahrenen Benutzern Hintergrundinformationen und Hilfe bei Problemen liefert.

Anhang. In den Anhang gehören Informationen wie Gewährleistung, Gerätespezifikationen, Händleradressen, Bestellung von Ersatzteilen, Pflege und Wartung, eventuell auch ein Glossar mit wichtigen Begriffen. Bei längeren Anleitungen muß der Anhang auf jeden Fall ein ausführliches Stichwortverzeichnis enthalten – es ist die wichtigste Suchhilfe für den Leser.

Sprache

Denken Sie immer daran: Kein Mensch liest Bedienungsanleitungen, weil sie so spannend sind. Sondern um ein Regal möglichst schnell zusammenzubauen, ein Modem noch vor Geschäftsschluß in Betrieb zu nehmen oder eine Halogenlampe zu installieren, ohne einen Kurzschluß auszulösen. Auf drei Dinge kommt es deshalb an: Verständlichkeit, Verständlichkeit, Verständlichkeit.

An der richtigen Stelle informieren. Liefern Sie Informationen dort, wo sie gebraucht werden. Es reicht zum Beispiel nicht aus, Warnhinweise im Vorspann zusammenzufassen. Ein Warnhinweis muß immer auch dort wiederholt werden, wo er zum Tragen kommt: unmittelbar *bevor* der Leser den kritischen oder gefährlichen Schritt ausführt.

Kunstworte vermeiden. Allenfalls Technik-Freaks können etwas anfangen mit sprachlichem Unsinn wie *VHF-Tiefband/Hochband*, *Shuffle/Scan*, *ATS Euro+ Suchlauf* oder *Minute Plus/Start-Taste*.[45] Statt Licht ins Dunkel der Bedienung zu bringen, werfen solche Begriffe nur neue Fragen auf.

Handlungsanweisungen verwenden. Handlungsanweisungen sind das Rückgrat der Anwenderdokumentation. Drücken Sie alles, was vom Leser eine Aktion erfordert, als Handlungsanweisung aus – nicht als Beschreibung.

Statt:
Die Kontrolle des Kompressionsdrucks erfolgt bei Betriebstemperatur.

Schreiben Sie:
⇨ Kontrollieren Sie den Kompressionsdruck bei Betriebstemperatur.

Der vorangestellte Pfeil ist nicht schmückendes Beiwerk, sondern ein Signal, das die Verständlichkeit und Übersichtlichkeit unterstützt.

Schrittfolgen kennzeichnen. Wenn mehrere Handlungsanweisungen aufeinanderfolgen, numerieren Sie die Schrittfolge durch. Und: Formulieren Sie alle Handlungsanweisungen nach dem gleichen System, und schreiben Sie sie untereinander, jeweils in einen eigenen Absatz.

Statt:
Auf die Rahmenwerkzeug-Taste klicken. Danach können Sie den betreffenden Rahmen wählen.

Schreiben Sie:
1. Klicken Sie auf die Rahmenwerkzeug-Taste.
2. Wählen Sie den Rahmen aus.

In der richtigen Reihenfolge informieren. Ineinander verworrene Informationen hemmen den Lesefluß und sind in Bedienungsanleitungen besonders ärgerlich. Nennen Sie erst den ersten Bedienungsschritt und dann den zweiten.

Statt:
⇨ Bevor Sie den Computer einschalten, kontrollieren Sie, ob Schnittstellenkabel und AC-Adapter AD-330 angeschlossen sind.

Schreiben Sie:
1. Kontrollieren Sie, ob Schnittstellenkabel und AC-Adapter AD-330 angeschlossen sind.
2. Schalten Sie den Computer ein.

Freundlichkeit. Bedienungsanleitungen sind eine Fundgrube für barsche Befehle und Amtsdeutsch. Keine Behörde würde es sich mehr erlauben, ihren Kunden Bescheid zu geben:

Zur Geräteausschaltung die Ein/Aus-Taste drücken.

Sprechen Sie Ihre Leser – die ja auch Ihre Kunden sind – doch einfach so an, wie Sie es am Telefon oder im Gespräch ganz selbstverständlich tun würden.

Statt:
Der Ausgleichsbehälter ist sorgfältig aufzubewahren, falls zu einem späteren Zeitpunkt keine Filterkartusche mehr verwendet werden sollte, oder für eventuelle Entkalkungsvorgänge.

Schreiben Sie:
Bitte bewahren Sie den Ausgleichsbehälter auf: Sie brauchen ihn, falls Sie die Maschine entkalken oder einmal keine Filterkartusche mehr verwenden möchten.

Kommentierter Beispieltext

Ersetzen der BCI-21 Tintenkartuschen (1)

Die folgenden Schritte beschreiben, wie Sie neue BCI-Tintenkartuschen in die Farb-BJ-Patrone einsetzen. (2)

✘ Legen Sie die leere Tintenkartusche in eine Plastiktüte, um Tintenflecke auf Kleidung, Tisch usw. zu vermeiden. (3)

1 Kontrollieren Sie, ob der Drucker eingeschaltet ist.
2 Öffnen Sie mit beiden Händen die Frontklappe.
3 Drücken Sie einmal auf die Taste CARTRIDGE. (4)

Ein Signalton ertönt und die Patronenhalterung bewegt sich zur Mitte des Druckers. (5)

– oder – (6)

Ein Signalton ertönt, und die Patronenhalterung bewegt sich nicht. Dies deutet darauf hin, daß die BJ-Patrone überhitzt ist. Warten Sie einige Minuten, bis die Patrone abgekühlt ist, und wiederholen Sie den Vorgang. (7)

4 Halten Sie die Kartusche am Vorsprung fest, und ziehen Sie sie dann aus der Halterung. Entsorgen Sie die Tintenkartusche sofort. ...

Anmerkungen

1. Die Überschrift orientiert sich an der Tätigkeit des Lesers.
2. Lassen Sie den Leser wissen, wofür die nachfolgenden Handlungsanweisungen gut sind. Nennen Sie immer erst das Ziel, dann den Weg dorthin.
3. Die Warnhinweise sind klar vom übrigen Text abgehoben und stehen an der richtigen Stelle: *bevor* etwas schief gehen kann. Und: Der Schreiber begründet seine Warnhinweise und klärt den Leser über die möglichen Folgen auf. Damit erhöht er die Wahrscheinlichkeit, daß die Anwender die Warnung ernstnehmen.
4. So ist es richtig: Die Handlungsanweisungen sind kurz und knapp formuliert, durchnumeriert und untereinander, jeweils in einem eigenen Absatz angeordnet.
5. Es ist wichtig, dem Leser zu sagen, was eine Handlung bewirkt hat. So weiß er, daß er es richtig gemacht hat. Auch gut: Die Ergebnisangabe ist klar von den Handlungsanweisungen abgesetzt.
6. An dieser Stelle sind zwei verschiedene Ergebnisse möglich. Durch das freigestellte *oder* wird die Verzweigung klar signalisiert.
7. Der Schreiber unterstützt auch die Anwender, die nicht auf Anhieb Erfolg haben. Ein Zeichen dafür, daß er seine Zielgruppe kennt!

STICHWORT: BEWERBUNG

Sich bewerben heißt Werbung machen – und das Produkt sind Sie. Da lohnt es sich, Mühe und Kosten zu investieren: In eine Bewerbungsmappe, die man gerne zur Hand nimmt. In ein Anschreiben, in dem sich der potentielle Arbeitgeber erkannt fühlt. In einen Lebenslauf, der Profil zeigt. Denken Sie daran: Mit Ihrer Bewerbung liefern Sie eine erste Arbeitsprobe ab, die eine Menge Rückschlüsse auf Sie zuläßt: zum Beispiel auf Ihre Einsatzbereitschaft, Ihr Einfühlungsvermögen und – ganz banal – Ihre Sorgfalt. Die Tips in diesem Kapitel helfen Ihnen, sich und Ihre beruflichen Fähigkeiten optimal zu vermarkten.

Aufbau der Bewerbungsmappe

Die »üblichen Bewerbungsunterlagen« werden in eine Bewerbungsmappe eingeordnet. Wieviel Aufwand Sie mit der Mappe betreiben, hängt von der Position ab, um die Sie sich bewerben: Während der angehende Bankkaufmann seine Unterlagen einfach in einen Schnellhefter legt, kann es sich für die Bewerberin um einen begehrten Trainee-Posten bei einem Versicherungskonzern durchaus lohnen, sich mit einer aufwendigen Präsentationsmappe aus Kashmirkarton von der Konkurrenz abzuheben. Eine andere Möglichkeit ist es, die Bewerbungsmappe in einem Kopierladen binden zu lassen. Völlig out für alle Bewerber: lose Blätter oder ein mit Heftklammern zusammengehaltener Papierstoß.

Die üblichen Unterlagen

Anschreiben. Das Wichtigste: Das Anschreiben muß individuell auf die jeweilige Stelle bezogen sein. Es belegt Punkt für Punkt, welche Kenntnisse und Erfahrungen Sie befähigen, die ausgeschriebene Position auszufüllen.

Tabellarischer Lebenslauf. Bauen Sie den Lebenslauf chronologisch auf und gliedern Sie ihn nach Sachthemen. Auch der Lebenslauf muß auf den potentiellen Arbeitgeber bezogen sein.

Foto. Höchstens ein Jahr alt und möglichst vorteilhaft – also kein Automatenfoto. Tragen Sie ein Outfit, wie Sie es auch zum Vorstellungsgespräch anziehen würden. Schreiben Sie Ihre vollständige Anschrift auf die Rückseite und kleben Sie das Foto rechts oben auf den Lebenslauf.

Zeugniskopien. In zeitlicher Reihenfolge geordnet, das jüngste zuerst.

Weitere Unterlagen wie Nachweise über Fortbildungskurse oder Praktika. Eine Schriftprobe oder ein Führungszeugnis brauchen Sie nur beizulegen, wenn es ausdrücklich verlangt wird.

Das richtige Outfit

Eine optisch ansprechende Gestaltung ist die Voraussetzung dafür, daß Ihre Bewerbungsmappe die erste Hürde nimmt.

- Verwenden Sie weißes DIN-A4-Papier in einer guten Qualität.
- Beschreiben Sie die Briefbögen nur einseitig.
- Achten Sie auf eine ansprechende typographische Gestaltung und erstklassige Druckqualität.
- Unterschreiben Sie mit Füller (königsblaue Tinte).

- Verwenden Sie neue, saubere Fotokopien.
- Verwenden Sie einen neuen Umschlag im C4-Format mit verstärktem Rücken.

Todsünden, die nicht passieren dürfen

- Eselsohren, Flecke
- Unterschrift vergessen
- falsch geschriebener Name der Firma oder des Ansprechpartners
- Tippfehler, Rechtschreibfehler
- falsches oder vergessenes Porto

Das Anschreiben

Mit mehr oder weniger identischen Bewerbungsbriefen an 50 Firmen oder mehr verschwenden Sie nur Zeit und Geld. Ihr Anschreiben muß den Personalchef davon überzeugen: Sie suchen *diesen* Job in *diesem* Unternehmen, und dafür sind *Sie* die richtige Person. Das kann nicht gelingen, wenn Sie als Maschinenbauingenieur an den mittelständischen Automobilzulieferer die gleiche Bewerbung schicken wie an einen weltweit tätigen Raumfahrtkonzern.

Deshalb: Analysieren Sie, worauf es dem Unternehmen bei der ausgeschriebenen Position ankommt. Vergleichen Sie die Anforderungen mit Ihren tatsächlichen Qualifikationen und Fähigkeiten. Zeigen Sie, daß beides übereinstimmt – bei jeder Bewerbung neu! Außerdem wichtig: Orientieren Sie Ihre Wortwahl am Tonfall der Anzeige. Sie bestimmt, wie konservativ oder ungezwungen Sie sich ausdrücken.

Kommentierter Beispieltext

Bewerbung als Pharmaberater
Ihre Anzeige vom ... in der Süddeutschen Zeitung

Sehr geehrter Herr Dr. Wagner, (1)

Sie suchen für Ihren Außendienst engagierte Mitarbeiter mit naturwissenschaftlichem Hochschulabschluß. (2) Für diese Aufgabe möchte ich mich bewerben, weil sie sich gut mit meiner Ausbildung und meinen weiteren Zielen deckt.

Ich bin Diplom-Chemiker und stehe kurz vor der Promotion. Zur Zeit arbeite ich als wissenschaftliche Hilfskraft an der Technischen Universität München am Lehrstuhl von Prof. Dr. L. Zu meinen Aufgaben gehört es, Praktika und Laborübungen zu betreuen und Tutorien für ausländische Studenten abzuhalten. Ich bin deshalb daran gewöhnt, mich in neue Aufgaben einzuarbeiten, mein Wissen einleuchtend zu vermitteln und offen mit Menschen umzugehen. (3)

Zur Finanzierung meines Chemie-Studiums arbeitete ich regelmäßig bei Messen an Verkaufs- und Informationsständen. Diese Tätigkeit hat mein Interesse am Vertrieb geweckt: Ich empfinde es als spannende Herausforderung, auf Kunden zuzugehen und ihr Kaufinteresse zu wecken. (4)

Die Aufgabe in Ihrem Unternehmen interessiert mich sehr, weil ich darin die Möglichkeit sehe, sowohl mein Interesse für naturwissenschaftliche Zusammmenhänge als auch meine Begeisterung für erfolgreiches Verkaufen verwirklichen zu können. (5)

Auf ein Gespräch mit Ihnen freue ich mich. (6)

Mit freundlichem Gruß

Matthias Schönfeld (7)

Anlage: Bewerbungsmappe

Anmerkungen

1. Psychologen wissen: Von allen Wörtern hören die Menschen ihren eigenen Namen am liebsten. Oft steht der Name des Ansprechpartners in der Anzeige. Wenn nicht, hilft ein Telefonat mit dem Unternehmen, den Namen des Personalchefs herauszufinden.
2. Die Formulierung muß erkennen lassen, daß sich der Bewerber mit der Stellenanzeige und dem Unternehmen auseinandergesetzt hat.
3. Der Bewerber verzichtet zu Recht darauf, die Inhalte seiner Promotion näher auszuführen – für die Position eines Pharmaberaters braucht er ganz andere Qualifikationen. Machen Sie es genauso: Nennen Sie gezielt die Fachkenntnisse, die Ihre Eignung für die Position unterstreichen.
4. Das Tüpfelchen auf dem i: Soziale Kompetenzen – Teamfähigkeit, Flexibilität, Kommunikationsfähigkeit – erhöhen die Attraktivität des Bewerbers in den Augen des Unternehmens. Belegen Sie mit Beispielen aus Ihrem Lebenslauf, was in Ihnen steckt.
5. Jedes Unternehmen wünscht sich Mitarbeiter, die sich mit ihrer Aufgabe identifizieren. Zeigen Sie also, warum Sie sich gerade um diesen Job in diesem Unternehmen bewerben.
6. Am Schluß sprechen Sie an, was Sie wollen: Eine Einladung zum Vorstellungsgespräch. Treten Sie dabei nicht als Bittsteller auf: Die Formulierung im Beispiel ist sachlich und selbstbewußt.
7. Eine Unterschrift mit ausgeschriebenem Vornamen wirkt persönlich und offen.

Der Lebenslauf

Zwei Dinge sind für den Lebenslauf besonders wichtig: Lückenlosigkeit und der unverwechselbare Auftritt. Achten Sie deshalb auf detaillierte Zeitangaben, und stimmen Sie den Lebenslauf neu auf jede Bewerbung ab. Stellen Sie die Kenntnisse und Erfahrungen in den Vordergrund, die zu der ausgeschriebenen Stelle passen und mit denen Sie sich vielleicht von anderen Bewerbern abheben.

Kommentierter Lebenslauf

Lebenslauf

Persönliche Daten: (1) Matthias Schönfeld
Kreitthmayrstr.5
80335 München
geb. am 23.06.1969 in
Erlangen, ledig

Schulausbildung:

1975–1979	Grundschule in Erlangen
1979–1988	Ohm-Gymnasium in Erlangen
Mai 1988	Abitur

Hochschulausbildung:

11/1988–3/1994	Studium an der TH München, Fachrichtung Diplomchemie
April 1994	Diplom: Note »gut«
Seit Juni 1994	Dissertation bei Prof. Dr. L. zum Thema ..., Promotionsprüfung voraussichtlich im Februar 1998 (2)

Berufstätigkeit:

1989–1993	In den Semesterferien Messebetreuung an den Verkaufs- und Informationsständen der Firmen ... (3)

Seit Oktober 1995	Wissenschaftliche Hilfskraft am Lehrstuhl Prof. Dr. L. Aufgaben: Betreuung von Praktika und Austauschstudenten
Besondere Kenntnisse	
EDV:	Excel, Harvard Graphics, Java (4)
Fremdsprachen:	Verhandlungssicheres Englisch (4)
Hobbys	Segeln, Gleitschirmfliegen (5)
München, 27. 11. 1997	Matthias Schönfeld

Anmerkungen

1. Der Bewerber hat seinen Lebenslauf nach Sachthemen geordnet: Persönliche Daten, Schulausbildung, Hochschulausbildung, Berufstätigkeit, Besondere Kenntnisse, Hobbys. Das ist übersichtlicher, als die Stationen des Werdegangs einfach nacheinander aufzulisten.
2. Wenn die Ausbildung noch nicht abgeschlossen ist: Lassen Sie Ihren potentiellen Arbeitgeber wissen, wann die letzte Prüfung sein wird.
3. Die Art des Ferienjobs unterstreicht die Eignung für die angestrebte Position. Durchforsten Sie Ihren Lebenslauf nach solchen Pluspunkten!
4. EDV- und Sprachkenntnisse bringen viele Bewerber mit: Sagen Sie genau, was Sie können. *Verhandlungssicheres Englisch* sagt mehr als *sehr gutes Englisch*. Und vermeiden Sie Selbstverständliches, wenn Sie Besseres zu bieten haben: Ein Textprogramm beherrschen viele, eine objektorientierte Programmiersprache wie Java ragt aus der Masse heraus.
5. Diese Hobbys könnten dem Unternehmen zugute kommen: Als Pharmareferent kann der Bewerber auf diesem Wege private Kontakte zu Ärzten knüpfen – gut für den Umsatz und ein Punkt für den Bewerber.

Stichwort: Geschäftskorrespondenz

Geschäftsbriefe dienen dazu, Angebote zu präzisieren, Aufträge oder Termine zu bestätigen, ausstehende Lieferungen oder Zahlungen einzufordern, mündliche Absprachen festzuhalten. Unabhängig von ihrer Botschaft aber ist ihnen eines gemeinsam: Jeder Brief vermittelt seinen Lesern – Kunden oder Geschäftspartnern – einen Eindruck von Ihnen und dem Unternehmen, das Sie repräsentieren. Jeder Brief ist eine Chance für Sie, Ihre Leser vom Qualitätsanspruch, von der Professionalität, von der Kundennähe Ihres Unternehmens zu überzeugen.

Aufbau

Kopf: Adresse und Datum.

Betreff: *Betreff* oder *Betrifft* haben ausgedient. Die Betreffzeile ist aber geblieben: Bringen Sie dort die wichtigste Information unter, so daß der Leser gleich weiß, worum es geht. Lassen Sie zwischen Datum und Betreffzeile zwei Zeilen frei. Bei kurzen Briefen vergrößern Sie den Abstand.

Anrede: Sprechen Sie bei wichtigen Briefen Ihren Leser immer namentlich an: *Sehr geehrte Frau Müller* oder *Guten Tag, Frau Müller*. Wenn Sie den Namen Ihres Ansprechpartners nicht kennen – greifen Sie zum Telefon, und finden Sie ihn heraus. Die Anrede *Sehr geehrte Damen und Herren* ist unpersönlich. Sie laufen damit Gefahr, daß niemand sich für Ihr Anliegen verantwortlich fühlt. Lassen Sie zwischen Betreffzeile und Anrede zwei Zeilen frei. Bei kurzen Briefen vergrößern Sie den Abstand.

Brieftext: Idealerweise paßt Ihr Brief auf eine Seite. Ist das nicht möglich, ordnen Sie den Text so auf der Seite an, daß auf der zweiten Seite mindestens noch drei oder vier Zeilen stehen. Verwenden Sie für die zweite Seite einfaches, unbedrucktes Briefpapier oder einen speziellen Fortsetzungsbogen. Und: Schreiben Sie kurze Absätze – sechs bis sieben Zeilen sind in einem Geschäftsbrief die Obergrenze. Markieren Sie die Absatzenden durch eine Leerzeile. Lassen Sie zwischen Anrede und Brieftext zwei Leerzeilen frei.

Übrigens: Fangen Sie einen Brief, wenn es sich so ergibt, ruhig mit *ich* oder *wir* an. Das ist unverkrampfter als Hilfskonstruktionen, deren einziger Sinn es ist, das einleitende *ich* zu umgehen.

Statt:
Hiermit laden wir Sie zu unserer Verkaufsaustellung am kommenden Sonntag ein.

Schreiben Sie:
Wir würden uns freuen, Sie bei unserer Verkaufsausstellung am kommenden Sonntag zu sehen.

Gruß. Jeder Geschäftsbrief endet mit einer Grußformel – meistens mit den üblichen *freundlichen Grüßen*, auf gar keinen Fall mit *hochachtungsvoll*. Wenn Sie mit einem Ansprechpartner öfter zu tun haben und Ihr Schreiben nicht hochoffiziell ist, können Sie auch schreiben: *herzliche Grüße, ein schönes Wochenende* oder *bis demnächst.*

Unterschrift. Vergessen Sie auf gar keinen Fall die handgeschriebene Unterschrift – am besten mit Füllfederhalter. Bei sehr offiziellen Schreiben setzen Sie zusätzlich den getippten Namen und eventuell Ihre Funktionsbezeichnung oder den Namen Ihrer Abteilung darunter.

Anlage(n). Der Hinweis auf Anlagen teilt dem Leser mit, welche Unterlagen Sie ihm zusätzlich senden. Wenn Sie mehr als eine Anlage schicken, führen Sie die Anlagen einzeln auf:

Anlagen: 1 Ausdruck des Handbuchs
5 Disketten mit Postscript-Dateien

Sprache

Die Zauberformel für effektive Geschäftsbriefe heißt: Klarheit, Kürze, Freundlichkeit. Zusätzlich zu den in Teil III beschriebenen Stilregeln sollten Sie deshalb auf die folgenden Besonderheiten achten.

Mündliche Sprache. Bei der Formulierung von Geschäftsbriefen haben Sie den Vorteil, Ihren Leser oder Ihre Leserin ziemlich genau zu kennen. Bemühen Sie sich um einen freundlichen, entspannten Ton – so, als würden Sie Ihrem Gesprächspartner gegenüber sitzen. Das erreichen Sie am leichtesten mit einfachen Wörtern, relativ kurzen Sätzen und dem Einsatz aller Satzzeichen.

Amtsdeutsch und Juristensprache sind der Todfeind jedes Geschäftsbriefs. Endgültig out sind Floskeln wie:

Betreff
beiliegend finden Sie
des weiteren
diesbezüglich
Ihre Anfrage zwecks Erteilung eines Auftrags
unter Zugrundelegung unserer Geschäftsbedingungen
wir bitten Sie höflichst
wir verbleiben bis zu Ihrer baldigen Antwort

Das Wichtigste zuerst. Nennen Sie wenn möglich die wichtigste Information zuerst. Die meisten Leser reagieren ungeduldig auf lange Einleitungen – sie wollen schnell auf den Punkt kommen.

Statt:
Hiermit möchten wir Sie informieren, daß im nächsten Monat die Besprechung mit unseren Anwälten wegen der Geschäftsübernahme stattfindet. Dabei wird auch die finanzielle Situation zur Sprache kommen. Wir möchten Sie bitten, bei dieser Gelegenheit den Finanzbericht vorzustellen.

Schreiben Sie:
Wir bitten Sie, an der Besprechung mit unseren Anwälten über die Geschäftsübernahme teilzunehmen und den Finanzbericht vorzustellen.

Datum: 25. April

Uhrzeit: 14 Uhr

Ort: Unsere Geschäftsräume, Hochstraße 15, Köln

Und an die Leser denken. Stellen Sie die Interessen des Lesers in den Mittelpunkt, nicht Ihre eigenen. Schreiben Sie seltener *wir* und öfter einmal *Sie*.

Statt:
Es ist *uns* wichtig, daß *unsere* Kunden mit *unserem* Dienstleistungsangebot zufrieden sind.

Schreiben Sie:
Ihre Zufriedenheit als Kunde ist uns wichtig.

Positive Formulierungen. Höflichkeit spielt in Geschäftsbriefen eine ebenso große Rolle wie im persönlichen Gespräch. Vermeiden Sie Kasernenhof-Ton und ironische oder gönnerhafte Formulierungen – was sich am Telefon nicht gehört, wirkt in einem Brief erst recht unangenehm.

Statt:
Grundsätzlich sind uns Reklamationen vor einer Rücksendung mitzuteilen.

Schreiben Sie:
Falls uns ein Fehler unterlaufen sein sollte: Bitte sprechen Sie mit uns über Ihre Reklamation, bevor Sie die Ware zurücksenden.

Auch wenn Sie etwas Unangenehmes zu sagen haben oder zu Recht verärgert sind: Vermeiden Sie es, kurz angebunden zu sein oder zu provozieren. Besser für Ihre Geschäftsbeziehungen und das Erscheinungsbild Ihrer Firma ist es, Kritik mit einem kleinen Kompliment oder Absagen mit einer plausiblen Begründung zu wattieren.

Statt:
Eine Wartezeit von 45 Minuten ist eine Zumutung.

Schreiben Sie:
Ich finde, eine Wartezeit von 45 Minuten ist dem Stil Ihres Hauses nicht angemessen.

Kommentierter Beispielbrief

Frau Dr. Theresa Reichenberg
Nibelungenstraße 9
85276 Pfaffenhofen

15. Mai 1999

**Konstruktionsvorschlag für Ihr neues
USM-Haller-Regal (1)**

Guten Tag, Frau Reichenberg, (2)

der Konstruktionsvorschlag und das Angebot für die neue Regalwand in Ihrem Büro sind fertig. (3) Zwei kleine Änderungen haben sich noch ergeben: (4)

- Ich habe das Regal ohne Rückwand kalkuliert. So bleiben wir knapp unter Ihrem Preislimit – und können trotzdem die Hängeregistraturen mit einbauen. (5) Sie können die Rückwand später jederzeit nachrüsten. Für die Stabilität des Regals ist die Rückwand nicht erforderlich. (6)

- Ich habe das Regal so geplant, daß keine Sondermaße notwenig sind. Dadurch bleiben etwa 50 cm Stellfläche ungenutzt – Sie sparen aber über DM 500,–.

Ich denke, alles weitere sollten wir telefonisch besprechen. Rufen Sie mich an? (7)

Viele Grüße nach Pfaffenhofen

Wolfgang Dornacher (8)

Anlagen: Planskizze
Preisangebot

Anmerkungen

1. Auch wenn die meisten Schreiber mittlerweile auf das altertümliche *Betreff* verzichten: Am Amtsdeutsch der Betreffzeile hat sich wenig geändert. Ganz anders hier: Schon die Betreffzeile stellt die Kundin in den Mittelpunkt: Es geht um »Ihr neues Regal«, nicht um den »Auftrag 97206630«.
2. Die Anrede *Guten Tag* beginnt sich durchzusetzen. Sie ist eine zeitgemäße Alternative zu *sehr geehrte/sehr geehrter* – und gleichzeitig distanzierter als *liebe/lieber*.
3. Durch die persönlich formulierte Einleitung vermeidet der Schreiber den abgedroschenen Standardsatz: »beiliegend sende ich Ihnen«.
4. Auch in Geschäftsbriefen wichtig: Gliederungssignale und eine klare optische Gliederung. Sie beschleunigen die Informationsaufnahme.
5. Der Schreiber begründet sein Vorgehen und zeigt den Vorteil für die Kundin auf. Kurze Sätze und der Gedankenstrich geben dem Sprachstil eine mündliche Note.
6. Ein klarer Fall von Service am Leser: Der Schreiber überlegt sich, welche Fragen seine Kundin haben könnte – und liefert die Antwort darauf gleich mit.
7. »Rufen Sie mich an?« – das klingt persönlicher als die schon tausendmal gelesene Beteuerung: »Für Rückfragen stehe ich Ihnen natürlich jederzeit gerne zur Verfügung.«
8. Unterschreiben Sie mit Namen und ausgeschriebenem Vornamen. Auch das ist ein Schritt hin zu einem freundlicheren Umgang mit dem Leser.

Stichwort: Pressemitteilung

Pressemitteilungen sind ein wichtiges Mittel der Öffentlichkeitsarbeit – auch und gerade für kleine Unternehmen oder engagierte Einzelpersonen. Denn: Ein Artikel in der Tagespresse, einem Wirtschaftsblatt oder einer Fachzeitschrift ist eine der wirksamsten und zugleich preiswertesten Möglichkeiten, die eigene Person, das eigene Anliegen oder die eigene Firma einem breiteren Publikum bekannt zu machen.

Wenn Sie es richtig anstellen, ist es gar nicht so schwierig, in die Zeitung zu kommen: Zeitungsredaktionen leben schließlich von einzigartigen Neuigkeiten – und brauchen sie in Riesenmengen, täglich frisch. Wer ihnen diese Ware knapp, verständlich und ohne Marktschreierei ins Haus liefert, hat gute Chancen, gedruckt zu werden.

Aufbau

Presseinformationen sind immer nach einem ähnlichen Muster aufgebaut:

Datum und Absenderdaten. Geben Sie außerdem auch den Namen eines kompetenten Ansprechpartners sowie Telefon, Fax und E-Mail an.

Überschrift. Formulieren Sie kurz und nüchtern, worum es geht. Orientieren Sie sich an den Überschriften, die das angeschriebene Presseorgan für vergleichbare Meldungen verwendet. Auf keinen Fall sollte die Überschrift reißerisch klingen.

Die 6 W's: Wie jede Zeitungsnachricht muß eine Presseinformation Antwort auf die Fragen WER, WAS, WANN und WO geben. Darüber hinaus können Sie noch das WIE und WARUM erklären.

Was noch dazugehört. Damit Ihre Presseinformation auch wirklich ankommt und problemlos weiterverarbeitet werden kann, sollten Sie die folgenden Informationen mitschicken:

- einen kurzen *Begleitbrief*, den Sie an den zuständigen Redakteur richten. Die Mühe lohnt sich: Persönlich adressierte Mitteilungen landen seltener im Papierkorb.
- den Text der Mitteilung auf *Diskette* oder als E-Mail, am besten im Windows- und im Macintosh-Format.
- Wenn es der Anlaß erfordert: ein professionelles Schwarz-Weiß-*Foto* im Format 13 x 18 cm oder 18 x 24 cm. Vergessen Sie nicht, den Namen des Fotografen anzugeben und Ihren Firmenstempel auf die Rückseite zu setzen.

Sprache

Journalisten sind sprachliche Profis, die Sie am besten mit einem klaren, präzisen Stil überzeugen. Nicht Kreativität und Wortspielereien sind gefragt (das macht der Redakteur bei Bedarf selbst), sondern sofort verständliche, sachliche Informationen.

Fangen Sie mit dem Wesentlichen an. Ein interessanter Auftakt ist das A und O jeder Pressemitteilung. Er entscheidet, ob die zuständige Redakteurin interessiert weiterliest oder die Mitteilung angeödet zur Seite schiebt.

Statt:
Die CeBit ist eine der größten Besuchermagneten unter den bundesdeutschen Messen. Wie in den vergangenen Jahren zeig-

ten auch diesmal die Anbieter der Bereiche Büro, Information und Telekommunikation ihre Leistungsfähigkeit auf der CeBit. Unter den Hunderten von Ausstellern aus aller Welt ist auch die Firma *X*Pert aus Aachen. Das wichtigste Ziel auf der CeBit haben die Anbieter von Software-Lösungen für die Produktionssteuerung nach Aussage des Geschäftsführers Jochen Weiß erreicht: den Einstieg ins Japangeschäft.

Schreiben Sie:
Der Firma Xpert aus Aachen gelang auf der CeBit der Einstieg ins Japan-Geschäft. Damit haben die Anbieter von Software-Lösungen für die Produktionssteuerung ihr wichtigstes Ziel für die diesjährige CeBit erreicht.

Halten Sie sich mit Eigenwerbung zurück. Ein Zeitungsartikel dient der Information der Leser des Blattes, nicht Ihrer Selbstdarstellung. Mit objektiven Wertungen und nüchternen Formulierungen erhöhen Sie Ihre Chance auf eine Berichterstattung. Superlative, Ausrufezeichen und penetrantes Wiederholen Ihres Firmennamens, womöglich noch in Fettschrift oder Großbuchstaben, sind dagegen fast immer ein sicheres Aus-Kriterium.

Vermeiden Sie Abkürzungen und Fachjargon. Redakteure und ihre Leser sind keine Spezialisten auf Ihrem Fachgebiet. Schreiben Sie Ihre Pressemitteilung deshalb so, daß jeder intelligente Laie sie auf Anhieb verstehen kann.

Schreiben Sie kurze, unkomplizierte Sätze. Denken Sie daran: Bei der Presseagentur dpa sind 20 Wörter die Grenze des Erwünschten. Noch besser: Orientieren Sie sich an den Satzlängen der Zeitung, an die Sie sich wenden. Und verwenden Sie Aktivsätze: Sie sind nicht nur verständlicher, sondern auch dynamischer.

Tips und Tricks für die Praxis

Kommentierte Pressemitteilung

(Datum und Ansprechpartner)

Augsburger Fachhochschule bekommt Hochleistungs-Parallelrechner (1)

Grund zur Freude hat der Fachbereich Informatik der Fachhochschule Augsburg: Ab sofort steht der Hochschule ein DM 188.000,– teurer Hochleistungs-Parallelrechner mit acht Prozessoren zur Verfügung. (2) Interessierte Studenten können damit bereits während des Studiums Praxiskenntnisse in der Entwicklung von Parallelrechner-Software erwerben. (3)

Während der klassische PC ein Einzelkämpfer ist, bearbeiten die Prozessoren des Parallelrechners Aufgaben im Team – und damit wesentlich schneller als herkömmliche Rechner. (4) Davon profitieren besonders rechenintensive Anwendungsgebiete wie Langzeit-Wettervorhersage, 3D-Bildsimulation und Computeranimation, ohne die Filme wie *Jurassic Parc* oder *Independence Day* nicht denkbar wären. (5)

Der in Augsburg installierte Multiprozessor vom Typ Parsytec CC ist mit 8 PowerPC-604-Prozessoren und einem Hauptspeicher von 1 Gigabyte RAM ausgestattet. Die Softwareumgebung beinhaltet weltweit verbreitete Standardwerkzeuge und Programmiersprachen für die parallele Software-Entwicklung sowie industrietypische Beispielanwendungen. (6) Darüber hinaus plant der Fachbereich Informatik auch Eigenentwicklungen, zum Beispiel objektorientierte Parallelsoftware-Entwurfswerkzeuge.

Das System wurde durch Sondermittel des Freistaates Bayern und des Bundes finanziert.

Anmerkungen

1. Der Titel sagt dem Redakteur klar, worum es geht. Er kann sofort entscheiden, ob ihn das Thema interessiert.

2. Der erste Satz beantwortet die Frage nach dem
   - WER: der Fachbereich Informatik;
   - WAS: ein Hochleistungs-Parallelrechner;
   - WANN: Der Rechner ist ab sofort verfügbar;
   - WO: Der Rechner ist an der FH-Augsburg installiert.
3. Der zweite Satz stellt klar, WARUM die Anschaffung sinnvoll ist.
4. Der zweite Absatz erklärt, WIE der Rechner funktioniert. Das Bild von Einzelkämpfer und Team ist auch für Laien einleuchtend und einprägsam.
5. Die Beispiele sind so gewählt, daß sie einen großen Leserkreis erreichen und ansprechen.
6. Es ist kein Zufall, daß die technischen Daten erst am Schluß genannt werden: Mäßig interessierte Leser würden verprellt, wenn sie gleich am Anfang auf die technischen Daten stoßen würden; gründliche oder computerbegeisterte Leser halten ohnehin bis zum Schluß durch.

STICHWORT: PROTOKOLL

Protokolle haben klar umrissene Aufgaben:

- Sie sind *Gedächtnisstütze* für die Personen, die an einer Besprechung teilgenommen haben.
- Sie *informieren* Personen, die nicht an der Besprechung teilgenommen haben.
- Sie *beweisen*, welche Vereinbarungen in der Besprechung getroffen wurden.

Wie Ihr Protokoll diese Funktionen optimal erfüllt, erfahren Sie in diesem Kapitel.

Aufbau

Protokollkopf. Gleichgültig, welches Protokoll Sie schreiben: Sie beginnen immer mit dem Protokollkopf:

WAS?	Besprechungsthema, Tagesordnung
WER?	Bezeichnung der Gruppe, Teilnehmerliste, Verteiler, Verfasser
WANN?	Datum und Uhrzeit der Sitzung, Datum der Protokollerstellung, Datum und Uhrzeit der nächsten Sitzung
WO?	Ort, Gebäude, Raum

Tagesordnungspunkte, Ergebnisse, Beschlüsse, Termine. Die weiteren Inhalte des Protokolls ordnen Sie am besten nach den Tagesordnungspunkten der Besprechung: Verwenden Sie die Tagesordnungspunkte als Überschriften. Halten Sie darunter die Ergebnisse, Aufgaben, Termine, Beschlüsse fest. Bei kurzen Protokollen können Sie die Tagesordnungspunkte, Ergebnisse und Termine auch in Tabellenform darstellen:

Tagesordnungspunkt (TOP)	Beschluß/ Ergebnis	Verantwortlicher	Termin
...	...	...	...

Redebeiträge. Ob und wie Sie Redebeiträge wiedergeben, hängt von der Protokollform ab:

- *Ergebnisprotokoll:* Beim Ergebnisprotokoll brauchen Sie die Redner und Redebeiträge nicht zu nennen.
- *Kurzprotokoll, Stichwortprotokoll:* Führen Sie die Namen der wichtigsten Redner auf und erfassen Sie die wichtigsten Redebeiträge in Stichpunkten.
- *Verlaufsprotokoll:* Nennen Sie die Namen aller Redner und fassen Sie alle Redebeiträge sinngemäß zusammen.
- *Wörtliches Protokoll:* Nennen Sie die Namen aller Redner, und geben Sie die einzelnen Argumente und Wortmeldungen ausführlich wieder.

Protokollschluß. Ihre Unterschrift und die des Besprechungsleiters sorgen dafür, daß das Protokoll seine Beweiskraft erhält.

Sprache

Zwei Dinge gilt es besonders zu beachten. Erstens: Protokolle werden meistens nur rasch überflogen. Verständlichkeit hat deshalb höchste Priorität. Und zweitens: Bleiben Sie neutral – Sie sollen nicht Ihre Eindrücke und Meinungen schildern, sondern den Besprechungsverlauf nüchtern wiedergeben.

Undurchsichtige Komposita vermeiden. Ersparen Sie Ihrem Leser Stolpersteine wie *Originalfragebogendaten* oder *Außendienstschulungstermine*.

Nominalstil vermeiden. Drücken Sie Hauptwörter, die auf *-ung*, *-heit*, *-keit* oder *-tion* enden, als Verben aus.

Statt:
Für die Weiterleitung der Absatzzahlen sorgt Herr Schmitt.

Schreiben Sie:
Herr Schmitt leitet die Absatzzahlen weiter.

Kurze Aktivsätze. Ein Satz in einem Protokoll sollte nicht länger als 14 Wörter sein. Lösen Sie also Schachtelsätze in zwei oder drei überschaubare Sätze auf.

In Protokollen besonders wichtig: Schreiben Sie Aktivsätze; sie nennen klar und verständlich die handelnde Person.

Statt:
Die Entwürfe werden am 26. 04. 99 verabschiedet.

Schreiben Sie:
Der Öffentlichkeitsausschuß verabschiedet die Entwürfe am 26. 04. 99.

Neutrale Formulierungen. Ein Protokoll ist kein Erlebnisbericht. Selbst wenn es Ihrer Meinung nach zu tumultartigen Szenen kam: Behalten Sie sie für sich.

Statt:
Herr Grimm weist das Ansinnen, mit einer anderen Werbeagentur zusammenzuarbeiten, verärgert zurück.

Schreiben Sie:
Herr Grimm lehnt es ab, mit einer anderen Werbeagentur zusammenzuarbeiten.

Möglichkeitsform für indirekte Rede. Wenn Sie Redebeiträge in indirekter Rede wiedergeben: Verwenden Sie den Konjunktiv – die Möglichkeitsform. Die Wirklichkeitsform kann zu Mißverständnissen führen:

> Frau Bach wendet ein, daß keiner der Bewerber über die gebotenen Qualifikationen verfügt. Eine weitere Ausschreibung *ist* erforderlich.

Meint Frau Bach, die Stelle müsse neu ausgeschrieben werden? Oder ist das die Meinung der Besprechungsteilnehmer? Die Möglichkeitsform schafft Eindeutigkeit: Frau Bach plädiert für eine Neuausschreibung.

> Frau Bach wendet ein, keiner der Bewerber verfüge über die gebotenen Qualifikationen. Eine weitere Ausschreibung *sei* erforderlich.

Kommentiertes Beispielprotokoll

Ergebnisprotokoll

ANTIALLERGIKA-MEETING

Datum:	23. 10. 99, 10.00 Uhr–11.30 Uhr
Ort:	Besprechungsraum III
Teilnehmer:	Herr Falk
	Frau Dr. Neuhaus
	Frau Simon
	Herr Thiel
	Frau Zeise (1)

Verteiler:	Teilnehmer
	Herr Dr. Weber
Protokollantin:	Frau Simon
Datum des Protokolls:	27. 10. 99
Nächstes Treffen:	11. 12. 99, 10.30 Uhr (2)

Tagesordnung:

1. Absatzplanung
2. Musterabgabe
3. Umsätze
4. Wissenschaftliche Kongresse
5. Externe Anfragen

Ergebnisse:

1. Herr Falk erstellt ein Formblatt zur Absatzplanung aller Formen der Antiallergika. Der Absatzplan wird monatlich aktualisiert. (3)
2. Herr Falk erstellt ein Formblatt zur Dokumentation der Muster, die der Außendienst pro Zielgruppe abgibt.
3. Herr Thiel veranlaßt, daß Daten über Abverkäufe von einem externen Institut angefordert werden. (4)
4. Alle Gebietsleiter erhalten eine Liste der wissenschaftlichen Kongresse 2000.
5. Die Außendienstbetreuung sendet externe Anfragen einmal wöchentlich an Frau Dr. Neuhaus. (5)

Aufgaben/Termine: (6)

Herr Falk:	Formblatt zur Absatzplanung
	Formblatt zur Musterabgabe
	<u>Termin:</u> Nächstes Treffen
Herr Thiel:	Beauftragung eines externen Instituts
	<u>Termin:</u> 30. 10. 99
(Unterschrift)	(Unterschrift)
Jochen Thiel	Angelika Zeise

Anmerkungen

1. Die Protokollführerin führt die Teilnehmer in alphabetischer Reihenfolge auf. Das erspart unnötiges Kopfzerbrechen, wer aus welchem Grund zuerst genannt wird: Ladies first? Alter? Stellung? Wertschätzung? Allerdings: Zeigen Sie Fingerspitzengefühl – im Zweifelsfall führen Chefs die Teilnehmerliste an!
2. Die tabellarische Anordnung des Kopfes ist übersichtlich und erleichtert den Zugriff auf Informationen.
3. Kurze, überschaubare Sätze sind leserfreundlich. Vergleichen Sie dagegen:

    Herr Falk erstellt ein Formblatt zur monatlich zu aktualisierenden Absatzplanung aller Formen der Antiallergika.

4. Verben sind die besseren Wörter. Vergleichen Sie dagegen:

    Herr Thiel veranlaßt die Anforderung von Daten über Abverkäufe von einem externen Institut.

5. Der Aktivsatz ist schnell erfaßt. Vergleichen Sie dagegen:

    Externe Anfragen werden von der Außendienstbetreuung einmal wöchentlich an Frau Dr. Neuhaus gesendet.

6. Die Protokollantin listet die Aufgaben und Termine in einem eigenen Punkt auf. Vorteil: Der Leser findet schnell die gewünschte Information und kann seine Lektüre auf einzelne Ausschnitte des Protokolls beschränken.

STICHWORT:
PRÜFUNGEN

Es gibt zwei Arten von Prüfungsfragen: Multiple-Choice-Fragen und Klausurfragen. Bei Multiple-Choice-Fragen können Sie nichts falsch machen – oder alles, je nachdem, welche Antwort Sie ankreuzen. Ganz anders bei Klausurfragen: Hier sind Sie gefragt zu erklären, zu vergleichen, zu definieren, zu analysieren, abzuwägen. Dabei zeigt sich nicht nur, ob Sie den Stoff gelernt haben, sondern auch, ob Sie ihn verstanden haben und anwenden können.

Prüflinge, die über einen entwickelten Schreibstil verfügen, sind bei Klausurfragen klar im Vorteil: Sprache ist nun einmal das Medium, über das wir uns anderen mitteilen. Wer wortgewandt und strukturiert schreibt, kann die eine oder andere Wissenslücke schon einmal überspielen. Und umgekehrt: Wer sein Wissen konfus wiedergibt, dem wird schnell mangelndes Verständnis unterstellt.

Daran führt kein Weg vorbei: Schreibstil entwickeln

Die Antworten auf Klausurfragen lassen sich nicht in ein Schema pressen: Die »richtige« Antwort kann je nach Prüfer, Art der Prüfung und Frage von einer kurzen Aufzählung in Stichworten bis hin zum mehrseitigen Aufsatz reichen. Um für diese unterschiedlichen Anforderungen gewappnet zu sein, brauchen Prüflinge einen *entwickelten* Schreibstil. Das aber setzt voraus, daß Sie dieses Buch von vorne bis hinten lesen, die Textbeispiele analysieren und die Übungen schriftlich bearbeiten. Die folgenden Hinweise beschreiben die *Besonderheiten* des Schreibens in Prüfungen und sorgen lediglich für den letzten Schliff.

Zeiteinteilung

In vielen Prüfungen ist der Zeitfaktor ein Problem. Damit Sie gegen Ende nicht ins Schleudern kommen: Lesen Sie alle Fragen durch, und werden Sie sich darüber klar, wie schnell Sie sie beantworten können. Achten Sie dabei auf Längenangaben wie *vier Gründe*, *stichwortartig*, *kurz* oder *ausführlich*.

Berücksichtigen Sie bei der Zeiteinteilung, wie wichtig eine Frage für die Gesamtnote ist. Wenn keine Punktzahl oder Prozentangabe neben einer Frage steht: Manchmal kann man ihre Bedeutung aus der Länge der Frage oder dem vorgesehenen leeren Raum auf dem Arbeitsblatt entnehmen.

Schreiben Sie neben jede Frage, wie viele Minuten Sie sich dafür Zeit nehmen wollen. Beginnen Sie dann mit der Frage, die Sie am leichtesten beantworten können.

Prüfungsfrage analysieren

Stellen Sie sich vor, Sie bestellen beim Italiener eine Pizza Primavera ohne Peperoni – und bekommen eine Quattro Stagione mit extra vielen Oliven. Wie reagieren Sie? Denken Sie: Pizza ist Pizza? Oder sind Sie angenervt? Genauso geht es einem Prüfer, der die Frage gestellt hat: »Beschreiben Sie die physiologische Streßreaktion« – und als Antwort alles über Krankheiten serviert bekommt, die durch chronischen Streß ausgelöst werden.

Bei den meisten Klausurfragen geht es darum, einen *bestimmten* Aspekt eines Themas zu beleuchten. Nehmen Sie sich deshalb Zeit, die Fragestellung genau zu analysieren:

> Erklären Sie *am Beispiel der Organisation der Körpermotorik* das Prinzip des adaptiven Regelkreises.

> An *welchen Informationen* orientieren sich Entscheide über das Outsourcing (buy statt make) von Teilen der Produktion?

> Stellen Sie eine *Liste* von Architektureigenschaften moderner SISD-Universalrechner zusammen, die im Von-Neumann-Rechner *noch nicht* enthalten waren.

Auf keinen Fall dürfen Sie alles, was Sie zu einem Thema wissen, wahllos aufs Papier ergießen. Für ungefragt gelieferte Informationen gibt es keine Punkte. Im Gegenteil: Sie können Ihnen eher schaden als nützen. Die meisten Prüfer finden es nämlich alles andere als erfreulich, sich durch Antworten hindurchzulesen, die nicht auf die Frage abgestimmt sind. Falls Sie also eine Frage nicht gezielt beantworten können: Stehen Sie zu Ihren Wissenslücken und machen Sie es kurz – sich und Ihrem Prüfer zuliebe. Stecken Sie die gewonnene Zeit in die Fragen, zu denen Sie mehr zu sagen haben.

Aufbau

Beginnen Sie nicht wie von der Tarantel gestochen mit der Beantwortung der Frage. Werden Sie sich erst einmal darüber klar, was Sie in welcher Reihenfolge sagen wollen.

Je ausführlicher Sie eine Frage beantworten müssen, desto wichtiger ist eine Mini-Gliederung. Kritzeln Sie ein Cluster mit Stichworten auf ein Extrablatt, oder notieren Sie sich die wichtigsten Ideen. Überlegen Sie, wie Sie Ihre Antwort strukturieren: zum Beispiel als Aufzählung, chronologisch oder als Vergleich. Denken Sie daran: Sie müssen gleich ins

Reine schreiben, und das geht mit einer Gliederung nun mal leichter. Die Vorarbeit zahlt sich aus:

- Ihre Antwort klingt strukturiert – ein Anzeichen dafür, daß Sie das Thema geistig durchdrungen haben.
- Sie stellen von vornherein sicher, daß Sie allen Aspekten etwa gleich viel Raum einräumen – das bringt Punkte.
- Sie präsentieren Ihre Antwort übersichtlich und ansprechend: mit ausreichend vielen Absätzen, Aufzählungspunkten und (fast) ohne Streichungen – das wirkt schon mal sehr souverän.

Oft besteht eine Frage aus mehreren Unterfragen: In diesem Fall beantworten Sie die Fragen nacheinander.

Sprache

Ganz klar: Eine Antwort in einer Prüfung kann kein stilistisches Meisterwerk sein. Das liegt schon daran, daß die Möglichkeit zur Überarbeitung fehlt. Und: Inhalt zählt in einer Prüfung eindeutig mehr als Sprache. Um Ihr Wissen trotz aller Widrigkeiten sprachlich überzeugend zur Geltung zu bringen, sollten Sie die folgenden Tips beachten:

- Freewriting ist in einer Prüfung fehl am Platz. Jeder Satz muß auf Anhieb »sitzen«. Deshalb: Konzentrieren Sie sich. Denken Sie erst, schreiben Sie dann. Und: Achten Sie auf eine gut leserliche Schrift.
- Stellen Sie die wichtigste Aussage an den Anfang Ihrer Antwort.
- Beginnen Sie jeden Absatz mit einem Thesensatz. Ihm sind Detailinformationen und Beispiele untergeordnet.
- Streichen Sie Geschriebenes nur, wenn es wirklich notwendig ist. Streichungen sind zwar nicht falsch, machen aber einen unsicheren, ungepflegten Eindruck.

Kommentierter Beispieltext

Frage

Nennen Sie die Kriterien, denen psychologische Daten genügen müssen, und erläutern Sie sie!

Antwort

Die drei wichtigsten Kriterien sind: Objektivität, Reliabilität und Validität. (1)

<u>Objektivität</u> ist gegeben, wenn ermittelte Daten und erzielte Ergebnisse durch andere Forscher nachprüfbar sind. (2) Dazu müssen die folgenden Bedingungen erfüllt sein: (3)

- Der Forscher formuliert ein standardisiertes Verfahren.
- Er dokumentiert Datenerhebungen und -analysen umfassend.
- Er beschreibt sein Vorgehen und seine Ergebnisse so, daß andere Forscher seine Studien wiederholen können (Replikationsstudien).

<u>Reliabilität</u> bezeichnet die Genauigkeit der Messung. (2) Sie ist gegeben, wenn identische Resultate erzielt werden, wenn die Untersuchung wiederholt wird. (4)

<u>Validität</u> bedeutet, daß das Verfahren auch wirklich das psychologische Merkmal mißt, das es der Erwartung nach messen soll. (2) Sie ist zum Beispiel gegeben, wenn ein Intelligenztest tatsächlich Intelligenz mißt und nicht nur Allgemeinbildung oder Gelassenheit in Testsituationen. (5)

Anmerkungen

1. Die wichtigste Aussage steht am Anfang der Antwort. Der erste Teil der Frage ist damit beantwortet. Gleichzeitig ergibt sich aus diesem ersten Satz die Gliederung des restlichen Textes: In drei Absätzen wird jeweils ein Kriterium erklärt.
2. Die Definition ist zugleich der Thesensatz des Absatzes. Alle weiteren Informationen sind Detailinformationen zum gleichen Thema.

3. Aufzählungen bringen Struktur in Ihren Prüfungstext. Ihr Prüfer wird es Ihnen danken: Er kann die Punkte ohne langes Suchen abhaken!
4. Die Wiederholung des *wenn* ist ein Schönheitsfehler, den Sie in anderen Texten beheben müßten. In einer Prüfung brauchen Sie sich davon nicht stören zu lassen.
5. Vergessen Sie die Beispiele nicht: Sie zeigen, daß Sie nicht nur auswendig gelernte Definitionen abspulen, sondern wissen, wovon Sie reden.

Stichwort:
Vortrag und Präsentation

Überzeugende Präsentationen lassen sich nicht aus dem Ärmel schütteln. Die lockere Motivationsrede vor den Außendienstlern, der zukunftsweisende Vortrag über die Arbeitswelt von morgen, die erfolgreiche Präsentation des neuen Herstellungsverfahrens vor der Geschäftsleitung – sie alle sind auch das Ergebnis einer professionellen Vorbereitung. Rechnen Sie als Faustregel damit, daß die Vorbereitung auf eine Rede oder Präsentation *mindestens* sieben Mal solange dauert wie ihre Durchführung. Bei Präsentationen unter einer Stunde kann sich der Vorbereitungsaufwand relativ zur Durchführungszeit erheblich, oft um ein Vielfaches, erhöhen.

In diesem Kapitel erfahren Sie,

- wie Sie eine Präsentation aufbauen,
- welche sprachlichen Besonderheiten Sie beachten müssen,
- wie Sie Folien wirksam gestalten und einsetzen und
- wie Sie Handouts vorbereiten und verteilen.

Aufbau

Aufreißer. Ködern Sie Ihre Zuhörer mit einer Anekdote, einem Zitat, einem aktuellen Ereignis, einer Frage.

> Als ich vor 20 Jahren in diesem Saal mein Abiturzeugnis in Empfang nahm, ...
>
> Wie Dale Carnegie sagte: ...
>
> Was ist los mit unserem Land?

Thesensatz. Nennen Sie Ihren Zuhörern in ein, zwei Sätzen das Thema, die These, das Anliegen Ihres Vortrags.

> Ich möchte deshalb die heutige Diplomfeier nutzen, um über Ideen und Visionen zu sprechen, über Zukunftsfragen unserer Gesellschaft und Wirtschaft.

Formulieren Sie Ihr Thema möglichst so, daß die Zuhörer erkennen können, welchen Nutzen Ihr Vortrag für sie bringt.

Zuhörer orientieren. Stellen Sie den Aufbau der Präsentation dar. Am besten schreiben Sie die Überschriften schon vor Beginn der Veranstaltung auf ein Flipchart oder eine Wandtafel: So hat das Publikum den roten Faden immer vor Augen. Außerdem sollten Sie Ihre Zuhörer darüber informieren:

- wie lange der Vortrag etwa dauert;
- wann Sie Fragen beantworten möchten – zum Beispiel nach Bedarf, am Ende eines größeren Themenkomplexes oder erst in der anschließenden Diskussion;
- ob und wann Sie Unterlagen zum Mitnehmen (Handouts) verteilen.

Hauptteil. Der Hauptteil dient der sachlichen Darstellung des Themas. Er umfaßt drei bis fünf Hauptideen, die Sie durch Zahlenmaterial, Beispiele, Zitate und sonstiges Beweismaterial untermauern. Folien unterstützen die Informationsaufnahme bei den Zuhörern und dienen Ihnen als Stichwortgeber. Fassen Sie Kernaussagen zusammen, bevor Sie zu einem neuen Thema übergehen.

Schluß. Der Schluß rundet den Vortrag ab und sollte genau wie der Einstieg nochmal einen starken Eindruck auf die Zuhörer machen. Er sollte deshalb aus drei Teilen bestehen:

- einer Zusammenfassung der Kernaussagen:
   > Ziehen wir Bilanz: ...

- einer Wiederaufnahme des Thesensatzes:

  Was wir brauchen, sind Menschen mit neuen Ideen, Menschen, die voller Tatkraft und Elan daran gehen, die Probleme von morgen zu lösen.

- einer Aufforderung zum Handeln:

  Lassen Sie uns gemeinsam an die Arbeit gehen: Haben wir Mut zur Zukunft.

Verzichten Sie auf abgedroschene Formulierungen wie: *Damit bin ich am Schluß meines Vortrags angelangt* oder gar *Das war's dann eigentlich.*

Sprache

Vortragen, nicht vorlesen. Am spontansten und lebendigsten wirkt eine Präsentation, wenn Sie darauf verzichten, sie Wort für Wort auszuformulieren. Erfahrene Vortragende bereiten nur die Einleitung und den Schluß schriftlich vor und verwenden Karteikarten und/oder Folien als Gedächtnisstütze und Stichwortgeber.

Mündliche Sprache. Wenn Sie Präsentationen trotzdem lieber schriftlich vorbereiten – denken Sie immer daran: Sie wenden sich an Hörer, nicht an Leser. Gefragt ist deshalb eine kultivierte mündliche Sprache, kein Papierdeutsch. Deshalb müssen Sie noch mehr als sonst achten auf: kurze Aktiv-Sätze, Wechsel im Satzbau, wenige Nominalisierungen, anschauliche Beispiele und Bilder, Ansprechen der Zuhörer, Fragen, Verwenden *aller* Satzzeichen. Auch unvollständige Sätze, umgangssprachliche Wendungen und das eine oder andere Füllwort verstärken den Eindruck der Mündlichkeit. Für Eindringlichkeit sorgen Wortwiederholungen und Parallelismus.

Ein Beispiel für eine lebendige Vortragssprache liefert

Roman Herzogs Rede über die Zukunft des Bildungssystems im Herbst 1997:

> Die Spatzen pfeifen es von den Dächern: Wissen ist heute die wichtigste Ressource in unserem rohstoffarmen Land. Wissen können wir aber nur durch Bildung erschließen. Wer sich den höchsten Lebensstandard, das beste Sozialsystem und den aufwendigsten Umweltschutz leisten will, der muß auch das beste Bildungssystem haben. Außerdem ist Bildung ein unverzichtbares Mittel des sozialen Ausgleichs.

Lesen Sie Ihren Text laut vor. Die Wirkung Ihres Vortragstextes prüfen Sie am besten, indem Sie ihn laut vorlesen und auf Band aufnehmen. Unterstreichen Sie in Ihrem Manuskript die Wörter, die Sie besonders betonen wollen; Sprechpausen kennzeichnen Sie durch einen senkrechten Strich.

Folien gestalten und einsetzen

Eine Stunde nach einer Präsentation erinnern sich die meisten Zuhörer nur noch an zehn Prozent des Gesagten. Durch den Einsatz von Folien und anderen Medien läßt sich die Behaltensleistung erheblich verbessern.

Folien vorbereiten

Folien sind eher zum Anschauen als zum Lesen gedacht: Sie sollen Sie und Ihren Vortrag unterstützen, aber auf keinen Fall ein Eigenleben entwickeln, das die Zuhörer ablenkt. Sie sind deshalb nur eine Zusatzinformation und kein Ersatz für ein Manuskript oder für Handouts an die Zuhörer.

7 x 7. Eine übersichtlich gestaltete Folie enthält höchstens sieben Zeilen Text und sieben Wörter je Zeile.

Schriftgröße. Damit auch die Zuhörer in der letzten Reihe klarsehen: Verwenden Sie am besten eine Schriftgröße von

18 Punkt und mehr und eine Schrift ohne Serifen (also zum Beispiel Helvetica).

Pro Folie ein Gedanke. Ihr Publikum sollte die Aussage auf einer Folie möglichst auf einen Blick erfassen können. Komplexe Informationen gehören ins Handout, nicht auf die Folien.

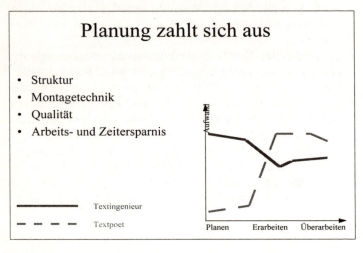

Das Beispiel zeigt: Eine Folie enthält oft nur Stichworte und muß nicht selbsterklärend sein. Warum Planung Arbeit spart und was Montagetechnik eigentlich bedeutet – das erläutern Sie mündlich.

Ein Bild sagt mehr als tausend Worte. Verwenden Sie Symbole, Zeichnungen, Bilder und Farben. Grafische Darstellungen verdeutlichen Zahlen, Abläufe, Strukturen und komplexe Zusammenhänge

Weniger ist mehr. Überlegen Sie genau, welche Aussagen durch eine Folie an Klarheit oder Eindringlichkeit gewinnen. Erstellen Sie Folien nicht als Stichwortgeber für Sie – dafür sind Karteikarten besser geeignet. Ein allzu schneller Folienwechsel ist für die Zuschauer irritierend und für Sie eine ständige Ablenkung von Ihrem Vortrag.

Während des Vortrags

- Prüfen Sie, ob alle Zuhörer die projizierten Folien gut sehen können. Stellen Sie sich links neben den Projektor und achten Sie darauf, daß Sie die Leinwand nicht verdecken.
- Lesen Sie den Text auf der Folie nicht wortwörtlich ab: Das ist für die Leser langweilig und wirkt wenig kompetent.
- Lesen Sie nicht von der Projektionsleinwand ab – dabei wenden Sie den Zuhörern den Rücken zu und verlieren den Blickkontakt. Benutzen Sie als Stichwortgeber Karteikarten oder die aufgelegte Folie. Wenn Sie vorgerahmte Folien verwenden, können Sie am Rand Stichworte für den Vortrag notieren.
- Stellen Sie den Projektor ab, wenn eine Folie besprochen ist.

Handouts

Die meisten Zuhörer schätzen es, Ihre Präsentation schwarz auf weiß mit nach Hause nehmen zu können. Allerdings: Unterlagen zum Mitnehmen bedeuten fast immer zusätzliche Arbeit für Sie. Denn: Gute Handouts sind viel zu komplex und vollgeschrieben, um sich als Folien zu eignen. Umgekehrt vermitteln Folien, wenn sie richtig gestaltet sind, keinen geschlossenen, umfassenden Eindruck von Ihrem Vortrag – dafür enthalten sie zu wenig Informationen.

Der richtige Zeitpunkt. Für die Zuhörer steht es außer Frage: Sie wollen Präsentationsunterlagen vor dem Vortrag bekommen, um sich Notizen machen zu können. Dieser Wunsch ist verständlich, aber problematisch: Wenn Sie die Unterlagen vor der Präsentation austeilen, gilt die Aufmerksamkeit der Zuhörer mit Sicherheit nicht Ihnen und Ihrem Vortrag, sondern den Handouts. Eine mögliche Kompromißlösung: Teilen Sie vor dem Vortrag eine Gliederung mit viel Platz für Notizen aus, und halten Sie die detaillierten Handouts bis zum Schluß zurück.

STICHWORT: WISSENSCHAFTLICHE ARBEITEN

Dieses Kapitel gibt einen kurzen Überblick über die wichtigsten Formvorschriften und sprachlichen Gepflogenheiten, die Verfasser von Fach-, Diplom- und Zulassungsarbeiten, Dissertationen, Forschungsberichten, Fachartikeln und Buchbeiträgen beachten müssen.

Weitere Informationen. Machen Sie sich bewußt: Um eine wissenschaftliche Arbeit zu schreiben, sind Ausdrucksfähigkeit und ein entwickelter Schreibstil unentbehrlich. Die Grundlagen dafür liefern Teil I, II und III dieses Buches. Und: Auch über die Form und das äußere Bild von wissenschaftlichen Arbeiten gibt es sehr viel mehr zu sagen, als in diesem Kapitel Platz hat. Besorgen Sie sich deshalb zusätzlich ein Buch, das den Formalien des wissenschaftlichen Schreibens gewidmet ist, zum Beispiel Ewald Standops Klassiker *Die Form der wissenschaftlichen Arbeit* (UTB-Taschenbuch).

Aufbau

Obwohl der Aufbau einer wissenschaftlichen Arbeit natürlich von Umfang und Thema abhängt, sind die folgenden Teile den meisten wissenschaftlichen Texten gemeinsam. Ein Hinweis: Bevor Sie eine wissenschaftliche Arbeit schreiben, sollten Sie sich immer nach Richtlinien oder *Style Guides* erkundigen, in denen Verlage, Professoren oder Prüfungsämter ihre besonderen Anforderungen auflisten.

Vorspann. Bei längeren Arbeiten umfaßt der Vorspann mindestens Titelseite und Inhaltsverzeichnis; bei Prüfungsarbeiten zusätzlich eine eidesstattliche Erklärung, die Arbeit ohne fremde Hilfe verfaßt zu haben. Als weitere Bestandteile kommen Widmung, Vorwort und Dank in Frage.

Abstract. Das Abstract ist eine kurze Zusammenfassung Ihrer Arbeit und dient dem Leser als Vorinformation: Es nennt Ausgangsproblem, Methoden und wichtige Ergebnisse. Sein Umfang beschränkt sich auf höchstens eine Seite; bei Fachaufsätzen genügen 100 bis 250 Wörter. Ganz wichtig: Das Abstract muß eine in sich geschlossene Einheit sein und für sich alleine stehen können. Um ein möglichst großes Publikum zu erreichen, ist es sinnvoll, das Abstract in Englisch abzufassen.

Einleitung. Die Einleitung geht zum Beispiel auf Thema und Ziel der Arbeit, die angewendeten Methoden, den Aufbau der Arbeit und verwendete Quellen und Entwicklungsumgebungen ein.

Hauptteil. Auf den ersten Blick liegen Welten zwischen der Dissertation einer Germanistin, die über Goethe und die europäische Romantik schreibt, dem Forschungsbericht einer wissenschaftlichen Assistentin über Zellbiologie und dem internationalen Paper einer Gruppe von Informatikern über wissensbasierte Systeme in der Onkologie. Erst bei näherem Hinsehen wird klar, daß Wissenschaftler aus unterschiedlichen Gebieten ihre Themen im Grunde ähnlich anpacken:

- Sie stellen den Stand der Forschung vor und diskutieren Ansätze, die von der eigenen Meinung abweichen;
- sie rechtfertigen die gewählten Methoden und zugrundegelegten Hypothesen;
- sie beschreiben detailliert den Problemlösungsprozeß; und
- sie präsentieren die gefundenen Ergebnisse.

Ein runder Text kombiniert diese wissenschaftlichen Darstellungsformen.

Schlußteil. Der Schlußteil zieht ein Resümee, faßt die wesentlichen Ergebnisse zusammen und gibt einen Ausblick auf noch zu lösende Fragen. Machen Sie sich die Mühe, nach einer passenden Überschrift zu suchen: Schreiben Sie statt *Schluß* lieber *Ausblick*, *Zusammenfassung* oder *Ergebnisse*.

Weitere Bestandteile können sein: Abkürzungs-, Abbildungs- und Symbolverzeichnis, Anhang und Stichwortverzeichnis. Ein ausführliches Stichwortverzeichnis erhöht den Wert jeder größeren Arbeit und ist für den Leser eine unentbehrliche Suchhilfe. In Prüfungsarbeiten können Sie darauf verzichten, einen Index mitzuliefern.

Formalien

Jede wissenschaftliche Arbeit setzt auf vorhandenem Wissen auf, das erweitert, verändert oder verworfen wird. In wissenschaftlichen Arbeiten müssen Sie fremde Forschungsergebnisse besonders sorgfältig kennzeichnen – aus zwei Gründen:

- um den Beitrag anderer Wissenschaftler anzuerkennen und
- um Ihren Lesern den Zugang zu weiteren Informationen zu erleichtern.

Die Mittel dafür sind: Zitate, Literaturangaben und das Literaturverzeichnis.

Zitate

Es gibt zwei Arten von Zitaten: wörtliche Zitate und Paraphrasen. Zu jedem Zitat müssen Sie den Fundort angeben. Es genügt nicht, lediglich ein Verzeichnis der verwendeten Literatur mitzuliefern.

Wörtliche Zitate geben die Worte eines anderen exakt wieder. Jede Veränderung, die Sie – zum Beispiel wegen der besseren Lesbarkeit – vornehmen, müssen Sie kennzeichnen:

- Auslassungen markieren Sie mit [...] oder ...
- Einfügungen werden in eckige Klammern gesetzt.
- Ist das Original fehlerhaft, machen Sie mit [*sic*] deutlich, daß es dort wirklich so stand.

Kurze wörtliche Zitate können Sie mit dem eigenen Text verweben und durch Anführungszeichen kennzeichnen. Zitate, die länger sind als drei Zeilen, werden in einen eigenen Absatz geschrieben – mit einzeiligem Zeilenabstand und ohne Anführungszeichen.

Paraphrasen. Beim Paraphrasieren geben Sie die Gedanken eines anderen in Ihren eigenen Worten wieder. Paraphrasen werden nicht durch Anführungszeichen markiert; der Leser erkennt an der Quellenangabe, daß die Aussage nicht von Ihnen stammt. Ein Beispiel:

> Damasio [1996] bezeichnet dieses Gefühl im Bauch als somatischen Marker. Negative und positive somatische Marker sind Signale des emotionalen Gehirns, die uns vor dem worst case warnen oder auf eine einmalige Chance hinweisen.

In diesem Beispiel stammen zwar die Worte von der Autorin, nicht aber die darin enthaltene Aussage. Das geht aus der Quellenangabe klar hervor.

Quellenangaben

Es setzt sich immer mehr durch, die Herkunft eines Zitats in Klammern im laufenden Text anzugeben. Dabei genügt es, den Kurztitel zu nennen, in der Regel den Familiennamen des ersten Autors und das Erscheinungsjahr, also zum Beispiel: [Dumaine 97]. Hat ein Autor in einem Jahr mehrere Werke veröffentlicht, unterscheiden Sie durch a, b, ...: [Schneider 93a]. Die vollständige Quellenangabe findet der Leser in der Bibliographie.

Alternativ dazu können Sie Literaturangaben auch in Fuß- oder Endnoten unterbringen. Diese herkömmliche Form der Quellenangabe ist in den Geisteswissenschaften nach wie vor sehr verbreitet. Sie hat den Vorteil, daß Sie in den Fußnoten zusätzlich weitere Erläuterungen anführen können.

Bibliographie

Aufbau. Das Literaturverzeichnis enthält alle Bücher, Zeitschriftenartikel, Internet-Informationen usw., auf die Sie im Text Bezug nehmen. Es kann zusätzlich Standardwerke oder weiterführende Literatur aufführen. Das Literaturverzeichnis wird alphabetisch nach Autoren sortiert. Bei philologischen und historischen Arbeiten empfiehlt es sich, zusätzlich nach Primär- und Sekundärliteratur zu untergliedern.

Form von Literaturangaben. Bei den Literaturangaben kommt es in erster Linie auf Vollständigkeit an. Die Zeichensetzung und eventuelle Hervorhebungen bleiben Ihnen überlassen; achten Sie aber auf ein einheitliches Erscheinungsbild.

Bücher: Verfasser, Buchtitel, ggf. Auflagennummer, Verlagsort, Verlag, Erscheinungsjahr

Richter, I.; Schuppert, G. Casebook Verfassungsrecht. 2. Aufl. München: Beck 1991

Zeitschriftenartikel: Verfasser, Titel des Aufsatzes, Name der Zeitschrift, Jahrgang, Erscheinungsjahr, Seitenangabe

Kubicek, H. Führungsgrundsätze: Lösungen von gestern für die Probleme von morgen. In: ZFO 53 (1984) 81-88

Sammelbände: Verfasser, Titel des Aufsatzes, Herausgeber des Sammelbands, Titel des Sammelbands, Verlagsort, Verlag, Erscheinungsjahr, Seitenangabe

Jung A. Berechnungsmodelle. In: Rechenberg, P.; Pomberger, G. (Hg.). Informatik-Handbuch. München: Carl Hanser Verlag 1997. 65–76

Informationen aus dem Internet: Verfassername, Titel, Internetadresse.

Gibbs, Nancy. The EQ Factor. Internet: http:/frostbite.umd.edu/cass/text/eq.htm

Sprache

Das Ich tritt zurück. In wissenschaftlichen Arbeiten ist eine schnörkellose, wertneutrale Sprache gefragt. Deshalb ist es in deutschsprachigen Wissenschaftstexten unüblich, die eigene Person zu nennen. Die Fakten und Beweise sollen für sich sprechen, das karriereorientierte, kleinliche Ich in den Hintergrund treten. Um Ihre Meinung darzulegen, ohne die Ich-Form zu verwenden, schreiben Sie:

Offensichtlich ...
Man kann davon ausgehen, ...
Dies läßt den Schluß zu: ...
Es erscheint also sinnvoll, ...
Es stellt sich deshalb die Frage, ...

Leser nicht ansprechen. Eine wissenschaftliche Arbeit ist kein Lehrbuch. Es ist deshalb unpassend, Fragen an die Leser zu stellen oder sie mit *Sie* anzusprechen. Auch das lehrerhafte W*ir* sollten Sie nicht überstrapazieren.

Statt:
Zu Beginn der Tragödie lernen *wir* Othello als einen Mann kennen, der geschätzt und bewundert wird, vor allem als Kriegsführer.

Schreiben Sie:
Shakespeare führt Othello zu Beginn der Tragödie als einen Mann ein, der geschätzt und bewundert wird, vor allem als Kriegsführer.

Das leidige Passiv. Die distanzierte Ausdrucksweise ohne *Ich* und *Sie* ist ein Grund dafür, daß wissenschaftliche Texte zu den Texten mit dem höchsten Passivgehalt gehören. Das folgende banale Beispiel beweist, daß es mit etwas Aufmerksamkeit auch anders geht:

Statt:
In Kapitel 5/Abbildung 15 wurde gezeigt, ...

Schreiben Sie:
Kapitel 5/Abbildung 15 zeigt, ...

Die Sprachebene treffen. Wissenschaftliche Arbeiten erfordern einen ernsthaften, eher konventionellen Schreibstil: Umgangssprachliche oder temperamentvolle Wendungen, die anderswo als Leseanreize durchaus zulässig sind, wirken in wissenschaftlichen Texten deplaziert. Deshalb brauchen Sie nicht hochtrabend zu werden:

Statt:
Der kleinste Wert 1 ist in der Wurzel des Heaps zu finden; er wird in den sortierten Teil eingefügt, indem man den Wert 13 ganz rechts *herausschmeißt*.

Schreiben Sie:
Der kleinste Wert ist in der Wurzel des Heaps zu finden; er wird in den sortierten Teil eingefügt, indem man den Wert 13 ganz rechts *entfernt*.

Darüber hinaus sollten Sie beachten, daß jede Wissenschaft ihren eigenen Sprachstil pflegt – denken Sie zum Beispiel an die Juristen- oder Soziologensprache. Diesen Stil trainieren Sie am besten, indem Sie anschaulich und prägnant geschriebene Fachliteratur bewußt lesen und typische Wendungen herausschreiben.

Fachbegriffe definieren. Viele wissenschaftliche Arbeiten kranken daran, daß ihre Autoren von viel zu hohen Voraussetzungen ausgehen. Dabei sind viele Fachgebiete inzwischen so kompliziert und verästelt, daß selbst Fachleute, die zu ihresgleichen sprechen, nicht jeden Fachbegriff als bekannt voraussetzen können. Deshalb: Führen Sie Begriffe vor ihrer ersten Verwendung ein, vor allem auch, wenn Sie sie in einer speziellen Bedeutung verwenden.

Anhang

GLOSSAR

Adjektiv: Eigenschaftswort

Adverb: Umstandswort. Das Adverb steht beim Verb und gibt den näheren Umstand an:

Zeit: jetzt, bald, sofort
Ort: da, hier, nirgends, oben, unten
Art und Weise: leider, so, ziemlich, lieber
Grund: darum, deshalb

Anglizismus: Sprachliche Entlehnungen aus dem Englischen: eins zu eins übernommene Klassiker wie *Job, Foul* oder *Hobby;* mehr oder weniger gelungene Übertragungen ins Deutsche wie *implementieren, Sinn machen, feuern* oder *Zerealien* und neudeutsche Wortschöpfungen wie *Copy-Shop, Infoline* oder *Haarstylistin.*

Artikel: Geschlechtswort (der, die, das)

Clustering: Eine Visualisierungstechnik, die nach dem englischen *to cluster* (sammeln, bündeln) benannt ist. Sie dient dazu, das Beziehungsnetz zwischen Informationen grafisch darzustellen, unterstützt das freie Assoziieren und liefert neue und vielleicht ungewöhnliche Ideenverknüpfungen. Clustering ist vor allem für das Erarbeiten der Makrostruktur hilfreich.

Euphemismus: Eine beschönigende Umschreibung. Euphemismen werden unter anderem verwendet, um Unbedeutendes aufzuwerten oder die Wahrheit abzumildern. Zum Beispiel: *freisetzen* für *entlassen, Solidaritätszuschlag* statt *Steuererhöhung.*

Freewriting: Freewriting ist eine kreative Schreibtechnik, bei der es darum geht, Gedanken zügig und ohne Stocken aufzuschreiben – zunächst ohne Rücksicht auf Wortwahl, Grammatik, Rechtschreibung oder inhaltliche Lücken. Ihr Ziel ist kein druckreifer Text, sondern das Erlebnis, non-stop zu schreiben. Dadurch werden Ängste und Verkrampfungen ausgeschaltet: Sie produzieren in kurzer Zeit eine Menge Text, der mit großer Wahrscheinlichkeit ausbaufähige Ideen enthält.

Grundschrift: Die Schrift, in der der Fließtext gesetzt ist.

Interpunktion: Zeichensetzung

Katachrese: Bildbruch. Dazu Wolf Schneider in *Die Zeit*:

> O ihr Bilder! »Mit dem vierzehn Millionen Mark teuren Grundstück hat sich das Bistum Magdeburg weit aus dem Fenster gelehnt« [...]. Das muß ein Fenster gewesen sein![46]

Kompositum: zusammengesetztes Wort

Konnotation: Die emotionale oder stilistische Vorstellung, die wir mit einem Wort verbinden – zusätzlich zu seiner Grundbedeutung. Ein Beispiel: *Dauerlauf* und *Joggen* beschreiben zwar den gleichen Bewegungsablauf, lösen aber unterschiedliche Assoziationen in uns aus: Der *Dauerlauf* klingt nach Turnvater Jahn und alter Väter Sitte, *Joggen* suggeriert Fitness und Jugendlichkeit.

Kontext: Der inhaltliche Zusammenhang, in dem eine Äußerung steht; der Sach- und Situationszusammenhang, aus dem heraus sie verstanden werden muß.

Marginalie: Randbemerkung

Metapher: Ein sprachliches Bild, das Parallelen zwischen ungleichen Dingen herstellt. Anders als beim Vergleich entfällt das vergleichende *wie*. In dem Satz: »Viele Sparer wurden vom Spekulations*fieber* gepackt« wird die Bezeichnung *Fie-*

ber auf das Verhalten von Kleinanlegern übertragen, die plötzlich ihr Interesse für die Börse entdeckt haben.

Nominalstil: Schreibstil, der durch die Anhäufung von Hauptwörtern gekennzeichnet ist: *Verlängerungen vornehmen, zur Auszahlung bringen, Mitteilung machen*. Schöner und leserfreundlicher sind: *verlängern, auszahlen, mitteilen*.

Parallelismus: Inhaltlich und grammatikalisch gleichmäßiger Bau von Satzgliedern oder Sätzen.

> *Bittet*, so wird euch gegeben; *suchet*, so werdet ihr finden; *klopfet an*, so wird euch aufgetan. (Matthäus 7,7)

Passiv: Leideform

Prädikat: Satzaussage

Spitzmarke: Kursiv oder fett gesetzte Hervorhebungen eines oder mehrerer Wörter am Absatzanfang.

Subjekt: Satzgegenstand

Substantiv: Hauptwort

Thesaurus: Lexikon der sinn- und sachverwandten Wörter. Nützlich, um den treffenden Ausdruck oder ein Synonym zu finden.

Umstandswort: siehe Adverb.

Verb: Tätigkeitswort

Vergleich: Der Vergleich zieht eine Parallele zwischen ungleichen Dingen, indem er sie durch ein vergleichendes *wie, als ob* oder *gerade so* verbindet:

> Das Auge ist wie eine Linse.

LÖSUNGEN

ÜBUNG 1

- nach dem offiziellen Teil
- mögliche Lösungswege; Versuche, das Problem zu lösen
- inzwischen
- Sie brauchen die Frage nicht zu beantworten.

ÜBUNG 2

Rückmeldung:

Einfachheit	Struktur
+*	++
Prägnanz	Leseanreize
0	+

* Bei diesem Merkmal sind Unterschiede in der Beurteilung von Juristen und Nicht-Juristen am wahrscheinlichsten: Vielleicht haben Sie als Nicht-Jurist mit 0 geurteilt. Das ist verständlich. Bedenken Sie aber: Der Text ist für ein Fachpublikum mit entsprechenden Vorkenntnissen geschrieben.

Der Text entspricht somit dem idealen Beurteilungsprofil eines Fachtextes.

Bitte beachten Sie beim Vergleich mit der Rückmeldung: Abweichungen um eine Stufe haben nichts zu besagen – jeder Leser bringt unterschiedliche Vorkenntnisse oder Leseerfahrungen mit. Wenn Ihre Beurteilung in einem Textmerkmal aber um zwei oder mehr Stufen abweicht, sollten Sie die Merkmalsbeschreibung in Kapitel 3 und die folgende Textanalyse noch mal lesen.

Textanalyse
Einfachheit (+):
Auf Wortebene: Wo immer möglich, verwendet der Autor geläufige, konkrete Wörter. Abkürzungen, Fachjargon und Fremdwörter sind konsequent vermieden.

Auf Satzebene: Kurze Sätze wechseln mit langen, aber durchschaubaren Satzgebilden. Allerdings: Die vielen Einschübe in Klammern erschweren den Lesefluß.

Gliederung (++):
Optische Strukturierung: Wichtige Begriffe sind fett oder kursiv hervorgehoben; die Durchnumerierung a), b) erleichtert die Übersicht. (Die Numerierung von Aufzählungen mit arabischen Buchstaben wirkt zwar bürokratisch, hat aber in juristischen Texten Tradition; in anderen Fachtexten sind Aufzählungspunkte fast immer zeitgemäßer.)

Makrostruktur: Der Textausschnitt ist zu kurz, um die Makrostruktur beurteilen zu können.

Mikrostruktur: Ankündigungen wie »sind es vor allem drei Begriffe« und numerierte Absätze, die diesen Ankündigungen entsprechen, machen den Aufbau des Textes sichtbar. Zusammenhänge zwischen Gedanken werden sprachlich deutlich gemacht (zum Beispiel: »Die Bindungen ... sind eindeutig ... Aber die Rechte ... sind ebenso wenig zu leugnen.«).

Prägnanz: Weder besonders gedrängt noch weitschweifig. Die Einschübe in Klammern präzisieren die Gedanken des Autors, ohne den Text voranzubringen. Sie wegzulassen, würde die Verständlichkeit zusätzlich verbessern.

Leseanreize: Juristische Kommentare sind in aller Regel eine knochentrockene Lektüre – zumindest für den juristischen Laien. Ganz anders hier: Bei allem gebotenen Ernst schafft es Roman Herzog, den Text mit Leben zu erfüllen: Daß der Bundespräsident *kein politisches Nichts* ist, *kein Frühstücksdirektor* für Festessen und Stehempfänge – das sind ungeschminkte Bilder, volkstümliche Formulierungen, die sich im Leser festsetzen und haften bleiben.

Fazit

Evelyn Roll bezeichnete in einem Artikel in der *Süddeutschen Zeitung* den Text als »Beispiel dafür, wie man komplizierte, juristische Gedanken auch in einer klaren, vitalen Sprache hinschreiben kann.«[47] Dem ist nichts hinzuzufügen.

ÜBUNG 3

Aus Unkenntnis formulieren manche Schreiber Mammutsätze, vor denen die Leser kapitulieren: Sie blättern schleunigst weiter oder legen den Text ganz weg. Näheres dazu finden Sie in Kapitel 9.

oder

Weil sie es nicht besser wissen, bilden manche Schreiber Mammutsätze. Ihre Leser kapitulieren vor solchen Ungetümen und überspringen sie. Im schlimmsten Fall legen sie den Text ganz weg (siehe Kapitel 9).

ÜBUNG 4

Variante B ist die richtige Wahl.

A Die Ich-Form ist in Deutschland in wissenschaftlichen Arbeiten nicht üblich; das Füllwort *natürlich* klingt defensiv.

B Die sachlich-nüchterne Formulierung entspricht den stilistischen Gepflogenheiten.

C Der lockere Stil ist der Ernsthaftigkeit der Textsorte nicht angemessen.

ÜBUNG 5

Kyniker [griech.], Vertreter der griech. Philosophie (um 400 v. Chr.), die aus der Tugendlehre des Sokrates die Forderung nach Genügsamkeit und Bedürfnislosigkeit ableitet. Bekanntester Vertreter des Kynismus: Diogenes (der Philosoph in der Tonne).

ÜBUNG 9

Viele kleine und mittlere Unternehmen betreuen die Multimedia-Produktionen vom Konzept bis zur Marktreife.

ÜBUNG 10

Die meisten Deutschen sucht in der Freizeit Ruhe, Erholung und Unterhaltung.

In ihrer Freizeit suchen die Deutschen Erholung, die sie sich gerne fertig zubereitet anbieten lassen.

Die Mehrzahl der Deutschen liegt in der Freizeit gerne in der Sonne, nimmt an Kaffeefahrten teil und erwartet im Urlaub Animation von Sonnenaufgang bis Sonnenuntergang.

ÜBUNG 11

Die deutsche Rentenversicherung hat mit zwei Belastungen zu kämpfen: Erstens werden die Rentner immer älter, d.h. die Renten müssen immer länger gezahlt werden. Zweitens werden immer weniger Kinder geboren. Das heißt: Immer weniger Beitragszahler müssen immer mehr Rentner finanzieren.

ÜBUNG 12

Besonders förderlich für unser Wohlbefinden ist das Lächeln in sozialen Situationen – der lustige Abend mit der Familie oder Freunden hat auch nachhaltig positive Wirkungen auf unsere Gesundheit.

ÜBUNG 13

Die deutschen Kommunen haben erhebliche <u>Anstrengungen</u> unternommen, den <u>Wandel</u> »von der Behörde zum Dienstleistungsunternehmen« zu vollziehen, und dabei beachtliche <u>Modernisierungserfolge</u> erzielt. Dennoch ist der Eindruck nicht von der Hand zu weisen, daß die Reform an Schwung verloren hat – insbesondere, was die <u>Umsetzung</u> der vielerorts erarbeiteten Konzepte anbelangt.	sich angestrengt sich zu wandeln sich modernisiert umsetzen

Ein Hinweis: Es wäre unnatürlich, alle Hauptwörter, die dafür in Frage kommen, in Verben zu verwandeln. Sie sollen den Nominalstil nicht abschaffen, nur zurückdrängen.

Die redigierte Fassung könnte nun so lauten:

> Die deutschen Kommunen haben alles daran gesetzt, sich von der Behörde zum Dienstleistungsunternehmen zu wandeln. Trotz beachtlicher Modernisierungserfolge ist aber der Eindruck nicht von der Hand zu weisen, daß die Reform an Schwung verloren hat;

insbesondere ist es nicht gelungen, die vielerorts erarbeiteten Konzepte umzusetzen.

Aus 12 Hauptwörtern wurden 9. Die Papierverben *vollziehen* und *anbelangen* wurden durch *sich wandeln* und *umsetzen* ersetzt.

Übung 14

Manche Ärzte vermitteln dem Patienten das Gefühl, er würde seine Schwierigkeiten überbewerten. Bei einem Patienten kann so der Eindruck entstehen, er bilde sich sein Problem nur ein: schließlich sind alle Tests negativ verlaufen.

Übung 15

Entfernen Sie brennbare Flüssigkeiten aus dem Raum.

Übung 16

Immer mehr Bauherren entscheiden sich für ein Wohnblockhaus aus Kanada. Viele Gründe sprechen dafür: zum Beispiel *die hervorragenden Hölzer* wie Rotzeder und Weißkiefer, die *hohe Wärmedämmung* der 190 Millimeter starken Blockwände, das *gesunde Wohnklima*, der *erschwingliche Preis*.

Übung 17

Tatsächlich haben sich einige Patienten während der Behandlung mit selektiven Serotonin-Wiederaufnahme-Hemmern das Leben genommen.

Übung macht den Meister

1 Zentrales Ziel des Programms ist es: Jeder Wissenschaftler in Deutschland erhält von seinem Computer aus optimalen Zugang zu den weltweit vorhandenen elektronischen und multimedialen Volltext-, Literaturhinweis- und Software-Informationen.
2 Forschungsergebnisse und Ergebnisse von Marktexplorationen müssen künftig viel schneller in innovative Produkte umgesetzt werden.

3 Die wichtigsten Bereiche sind: Auftragsbearbeitung, Bestandsmanagement, Produktionsplanung, Fertigungssteuerung, Materialwirtschaft, Lagerung, Kommissionierung, interne Transport- und Fördersysteme, Verpackung und Entsorgung.

4 ER-Diagramme enthalten Informationen, die für die Aufgabenbearbeitung notwendig sind und den Entscheidungsprozeß des Benutzers unterstützen. Deshalb sind sie als Ausgangspunkt für die Modellierung der statischen Anteile einer Benutzungsschnittstelle geeignet.

5 Das Raumklima wird im Winter und im Sommer noch immer durch eine extrem energieaufwendige Haustechnik reguliert.

Alternativ: Noch immer reguliert eine extrem energieaufwendige Haustechnik das Raumklima – im Winter und im Sommer.

6 Um dieses Problem zu lösen, brauchen Sie ein Zusatzprogramm. Weitere Informationen dazu finden Sie in Kapitel 4.

7 Die Merkmale wirken sich aus auf die Gestaltung der Menüstruktur, der Benutzersichten-Definition und des Dialogablaufs.

8 Auch in diesem Fall zeichnet sich eine Zweigleisigkeit ab:
- Die neuen betriebswirtschaftlichen Elemente müssen in die GemHVO und das haushaltsrechtliche Richtlinien-Regelwerk eingearbeitet werden. Dazu gehören zum Beispiel Verwaltungsprodukte, Kostenrechnung, Vermögenserfassung und Produkthaushalt.
- Für das neue kommunale Haushalts- und Rechnungswesen muß ein weitgehend neues und selbständiges Regelwerk entwickelt werden.

9 Als neuronales Netz wurde das Modell XYZ ausgewählt. Dafür sprachen die folgenden Gründe:

10 Auf diese Weise lassen sich unterschiedliche Aufgaben miteinander kombinieren.

11 Ein freistehendes Einfamilienhaus braucht dreimal so viel Energie wie eine gleich große Geschoßwohnung.

12 Schon durch dieses frühkindliche Verhalten fordern und bekommen Jungen mehr Beachtung als Mädchen.

13 Um diese Maßnahmen durchzuführen, brauchen Ausbilder und Trainer neue Kompetenzen.

14 Das Frankenbau-Blockhaus erfüllt diese Ansprüche.

15 Es ist schwierig, einen neuen Kleinbus aus der Clubkasse zu finanzieren.

16 Eine prädikatenlogische Situation ist gegeben durch eine Menge von Individuen, zwischen denen gewisse Relationen und Operationen definiert sind.

17 Sie sparen Zeit, Geld und Aufwand.

ÜBUNG 18

Die Forscher verfolgen verschiedene Konzepte: Die Gruppen in Los Alamos und Boulder arbeiten mit Ionen, die sie in Magnetfallen festhalten; am California Institute of Technology experimentiert ein Team mit Lichtteilchen (Photonen); Wissenschaftler von Hitachi wiederum tüfteln an sogenannten Quantendots.

BÜCHER ZUM THEMA

ÜBER STIL UND VERSTÄNDLICHKEIT

Bundesstelle für Büroorganisation und Bürotechnik (Hrg.). *BBB-Arbeitshandbuch. Bürgernahe Verwaltungssprache*. Köln: 1993

Bungert, Gerhard. *Weiter im Text. Schreiben für Werbung, Presse und Öffentlichkeit.* Orell Füssli: 1992

Gaßdorf, Dagmar. *Das Zeug zum Schreiben. Eine Sprachschule für Praktiker*. Institut für Medienentwicklung und Kommunikation GmbH: 1996

Langer, Inghard; Schulz v. Thun, Friedemann; Tausch, Reinhard. *Sich verständlich ausdrücken*. 4. Aufl. Reinhardt: 1990

Rauter E.A. *Die neue Schule des Schreibens. Von der Gewalt der Wörter*. Econ: 1996

Reiners, Ludwig. *Stilfibel*. 28. Aufl. dtv: 1996

Reiners, Ludwig. *Stilkunst. Ein Lehrbuch deutscher Prosa*. Überarbeitete Auflage. Beck: 1991

Schneider, Wolf. *Deutsch für Profis*. 7. Aufl. Goldmann: 1989

Schneider, Wolf. *Deutsch fürs Leben. Was die Schule zu lehren vergaß*. rororo: 1994

Zimmer, Dieter E. *Redensarten. Über Trends und Tollheiten im neudeutschen Sprachgebrauch*. Heyne: 1996

ÜBER KREATIVITÄT UND SCHREIBPROZESS

Bolker, Joan (Ed.). *The Writer's Home Companion*. Henry Holt: 1997

Csikszentmihalyi, Mihaly. *Kreativität. Wie Sie das Unmögliche schaffen und Ihre Grenzen überwinden*. Klett-Cotta: 1996

Reinking, James A.; Hart, Andrew W.; Osten, Robert von der. *Strategies for successful writing. A rhetoric, research guide, and reader*. Prentice Hall: 1996

Spiegel Special. »Die Kunst des Schreibens« (10) 1996

Werder, Lutz v. *Lehrbuch des kreativen Schreibens*. Schibri-Verlag: 1993

ÜBER SCHREIBEN IM BERUF

Dumaine, Deborah. *Vest-Pocket Guide to Business Writing.* Prentice Hall: 1997

Werder, Lutz v. *Erfolg im Beruf durch kreatives Schreiben.* Schibri-Verlag: 1995.

Arbeitszeugnisse

Nasemann, Andrea. *Arbeitszeugnisse durchschauen und interpretieren. Rechtslage – Zeugnissprache – Experteninterviews.* Falken: 1993/1994

Bewerbungen

Teschke-Bährle, Ute. *Bewerbung. Der ARD-Ratgeber.* Suhrkamp: 1997

Hesse, Jürgen; Schrader, Hans Christian. *Bewerbungsstrategien für Hochschulabsolventen mit und ohne Abschluß.* Fischer: 1994

Präsentationen

Bernstein, D. *Die Kunst der Präsentation.* Heyne: 1995
Will, H. *Mini-Handbuch Vortrag und Präsentation.* Beltz: 1997

Handbücher

Price, Jonathan. *How to write a computer manual. A handbook of software documentation.* Benjamin/Cummings: 1984

ÜBER SCHREIBEN IM STUDIUM

Duden. *Wie verfaßt man wissenschaftliche Arbeiten?* Dudenverlag.
Eco, Umberto. *Wie man eine wissenschaftliche Abschlußarbeit schreibt.* Heidelberg: 1988
Kruse, Otto. *Keine Angst vor dem leeren Blatt. Ohne Schreibblockaden durchs Studium.* Campus: 1993
Standop, Ewald. *Die Form der wissenschaftlichen Arbeit.* UTB: 1994

ÜBER TYPOGRAPHIE

Manfred Siemoneit. *Typographisches Gestalten – Regeln und Tips für die richtige Gestaltung von Drucksachen.* Polygraph: 1993

LITERATURNACHWEIS

[1] S. M. Flaherty. *Technical and Business Writing.* Englewood Cliffs: 1990. S. 9

[2] Dieter Schwanitz. »Nationale Idiotie. Über den deutschen Geniekult und das Schreiben als Lernberuf«. In: *Spiegel Special* (10) 1996. 25–28. S. 25

[3] Johann Grolle; Jürgen Scriba: »Duell der Superhirne«. *Der Spiegel* (18) 28. April 97. 212–218. S. 218

[4] Ludwig Reiners. *Stilfibel.* Erstmals erschienen 1951. dtv: 1996.; Wolf Schneider. *Deutsch fürs Leben. Was die Schule zu lehren vergaß.* rororo: 1994

[5] Csikszentmihalyi, Mihaly. *Kreativität. Wie Sie das Unmögliche schaffen und Ihre Grenzen überwinden.* Klett-Cotta: 1996. S. 374

[6] Das Hamburger Verständlichkeitsmodell wird in leicht abgewandelter Form beschrieben nach I. Langer, F. Schulz v. Thun, R. Tausch. *Sich verständlich ausdrücken.* E. Reinhardt: 1990

[7] Wolf Schneider. *Deutsch fürs Leben. Was die Schule zu lehren vergaß.* rororo: 1994. S. 130

[8] I. Langer, F. Schulz v. Thun, R. Tausch. *Sich verständlich ausdrücken.* E. Reinhardt: 1990. S. 26

[9] W. Zinnser. Zitiert nach Lutz von Werder. *Erfolg im Beruf durch kreatives Schreiben.* Schibri-Verlag: 1995. S. 43

[10] Margret Bürsgisser. *Computerinduzierter Wandel in der Tätigkeit von Wissenschaftlern und Intellektuellen.* Universität Zürich, Soziologisches Institut: 1995

[11] Margret Bürsgisser. *Computerinduzierter Wandel in der Tätigkeit von Wissenschaftlern und Intellektuellen.*

[12] Dieter Zimmer. *Die Elektrifizierung der Sprache.* Haffmans Taschenbuch: 1991. S. 44

[13] Dieter Zimmer. *Die Elektrifizierung der Sprache.* S. 32; Peter Rechenberg. »Übersetzungen von Informatik-Literatur bekümmert betrachtet«. In: *Informatik-Spektrum* (1991) 14. 28–33. S. 33

[14] Hartmut Palmer. »Der Fluss des Schreibens«. In: *Spiegel Special* (10) 1996. 36–48. S. 48

[15] Eine ausführliche Darstellung der erkenntnistheoretischen Seite des Schreibens finden Sie in Otto Kruse. *Keine Angst vor dem leeren Blatt.* Campus: 1993. S. 11 und S. 68 ff: »Schreiben ist nicht allein eine Form, Erkenntnisse *darzustellen*, sondern auch ein Weg, Erkenntnisse zu *gewinnen*, zu *sichten*, zu *vergleichen*, zu *ordnen*, zu *strukturieren*, zu *diskutieren* und zu *kommunizieren*.«

[16] Joseph von Westphalen. »Zähflüssiger Verkehr«. In: *Spiegel Special* (10) 1996. 30–34

[17] Mihaly Csikszentmihalyi. *Kreativität.* S. 210–211.

[18] Umberto Eco. *Wie man eine wissenschaftliche Abschlußarbeit schreibt.* Heidelberg: 1988. S. 162.

[19] Mihaly Csikszentmihalyi. *Kreativität.* S. 174

[20] Rudolf Gerhardt. *Lesebuch für Schreiber. Vom journalistischen Umgang mit der Sprache.* Institut für Medienentwicklung und Kommunikation GmbH: 1996.

[21] Fritz Rumler. »Alles fließt. Dichter und Denker drängt es zu Drogen«. In: *Spiegel Special* (10) 1996. S. 55–56

[22] Peter Buchka. »Der Geist aus der Flasche«. In: *Süddeutsche Zeitung*, 26. September 1997

[23] Otto Kruse. *Keine Angst vor dem leeren Blatt.* S. 37–40

[24] Über die besonderen Eigenschaften wissenschaftlicher und technischer Texte: Susanne Göpferich. *Textsorten in Naturwissenschaft und Technik.* Günter Narr Verlag: 1995

[25] E.A. Rauter. *Die neue Schule des Schreibens.* Econ: 1996. S. 21

[26] Ludwig Reiners. *Stilfibel.* S. 224

[27] Mihaly Csikszentmihalyi. *Kreativität.* S. 202

[28] Zwischenfrage. »Warum schreiben Sie soviel, Herr Mattenklott«. *Süddeutsche Zeitung*, Montag, 22. September 1997.

[29] Mihaly Csikszentmihalyi. *Kreativität.* S. 164

[30] Über den Umgang mit Emotionen: Doris Märtin; Karin Boeck. *EQ – Gefühle auf dem Vormarsch. Wie die emotionale Intelligenz den Erfolg bestimmt.* Heyne: 1996

[31] Peter Elbow. »Freewriting«. In: Joan Bolker (Ed.). *The Writer's Home Companion. An Anthology of the World's Best Writing Advice, from Keats to Kunitz.* Henry Holt: 1997. 46–55

[32] Erik Spiekermann. *Ursache & Wirkung: ein typografischer Roman.* H. Berthold AG: 1986. S. 47

[33] Vgl. dazu Dieter E. Zimmer. »Sonst stirbt die deutsche Sprache«. In: *Die Zeit* (26), 23. Juni 1995

[34] Peter Rechenberg. »Übersetzungen von Informatik-Literatur bekümmert betrachtet«.
[35] Ludwig Reiners. *Stilfibel.* S. 86
[36] Dagmar Gaßdorf. »Ausgehandelt. Die Krise der Republik im Spiegel der deutschen Sprache«. In: *Frankfurter Allgemeine Zeitung* (197) 26. August 1997
[37] Wolf Schneider. *Deutsch fürs Leben. Was die Schule zu lehren vergaß.* S. 61
[38] Duden. *Richtiges und gutes Deutsch. Wörterbuch der sprachlichen Zweifelsfälle.* Dudenverlag, 1985.
[39] Wolf Schneider. *Deutsch für Profis.* 7. Aufl. Goldmann: 1989. S. 70–71
[40] Ludwig Reiners. *Stilfibel.* S. 99–100
[41] E. A. Rauter. *Die neue Schule des Schreibens.* S. 191
[42] Mihaly Csikszentmihalyi. *Kreativität.* S. 339
[43] Wolf Schneider. *Deutsch für Profis.* S. 130
[44] Das folgende Textbeispiel wurde entnommen aus Wolf Schneider. *Deutsch für Profis.* S. 185
[45] Thomas Tuma. »Der programmierte Frust«. *Der Spiegel* (48) 1997. 276–289
[46] Wolf Schneider (8). In: *Die Zeit* (50) 5. Dezember 1997
[47] Evelyn Roll. »Für den Anfang ein paar Teufelchen«. *Süddeutsche Zeitung* (96) 27./28. April 1997

Quellenangaben Textbeispiele

Ein Teil der Textbeispiele wurde aus Zeitungsartikeln, Fachzeitschriften und Sachbüchern entnommen beziehungsweise angeregt: *Architectural Digest, Die Neue Verwaltung, Der Spiegel, Die Zeit, Psychologie heute, Spektrum der Wissenschaft, Süddeutsche Zeitung, Uni-Magazin, UniPress.*

Antos, Gerd; Krings, Hans P. (Hsg.). *Textproduktion.* Niemeyer: 1989

Bänninger-Huber, Eva. »Warum lächeln wir?« In: *Psychologie heute* (6) 1997

Blum, Wolfgang. »Quanten & Computer. Wie Rechner sich in parallelen Welten bewegen können«. In: *Die Zeit* (23) 30. Mai 1997

Buhl, Dieter. »Unter vier Augen«. In: *Die Zeit* (45) 31. Oktober 1997

Büscher, Wolfgang. »Stadt unter Strom«. In: *Architectural Digest* (1) Februar/März 1997

Damasio, Antonio R. *Descartes' Irrtum.* List: 1995

Gaarder, Jostein. *Sofies Welt. Roman über die Geschichte der Philosophie.* Carl Hanser Verlag: 1993

Halter, Hans. »Ende des Drachentöters«. In: *Der Spiegel* (11) 10. März 97

Herzog, Roman. Rede über die Zukunft des Bildungssystems auf dem Berliner Bildungsforum. In: *Die Zeit* (46) 7. November 1997

Krone-Schmalz, Gabriele. *Jetzt mal ehrlich.* ECON-Taschenbuchverlag: 1997

Markowitsch, Hans J. »Neuropsychologie des menschlichen Gedächtnisses«. In: *Spektrum der Wissenschaft* (Dossier) 4/1997

Meyer, Bertrand. *Erfolgsschlüssel Objekttechnologie.* Carl Hanser Verlag: 1996

Rechenberg, P.; Pomberger, G. (Hg.). *Informatik-Handbuch.* Carl Hanser Verlag: 1997

Schmerl, Christiane. »Rätsel Frau«. In: *Psychologie heute* (4) 1997

Schnabel, Ulrich. »Galaxien auf Kollisionskurs«. In: *Die Zeit* (45) 31. Oktober 1997

Spiekermann, Erik. *Ursache und Wirkung: ein typografischer Roman.* H. Berthold AG: 1986

Zimbardo, Philip G. *Psychologie.* 6. Auflage, Springer, 1995

Zimmer, Dieter E. »Methode Simsalabim«. In: *Die Zeit* (15), 4. April 1997